现代财务管理与内部审计分析

熊 丽 朱小清 阚丽荣 ◎著

中国书籍出版社
China Book Press

图书在版编目（CIP）数据

现代财务管理与内部审计分析 / 熊丽，朱小清，阚丽荣著. -- 北京：中国书籍出版社，2024.11.
ISBN 978-7-5241-0015-7

Ⅰ. F275；F239.45

中国国家版本馆 CIP 数据核字第 2024Y91N91 号

现代财务管理与内部审计分析
熊丽　朱小清　阚丽荣　著

图书策划	邹　浩
责任编辑	李　新
责任印制	孙马飞　马　芝
封面设计	博健时代
出版发行	中国书籍出版社
地　　址	北京市丰台区三路居路 97 号（邮编：100073）
电　　话	（010）52257143（总编室）　　（010）52257140（发行部）
电子邮箱	eo@chinabp.com.cn
经　　销	全国新华书店
印　　厂	廊坊市博林印务有限公司
开　　本	710毫米×1000毫米　1/16
印　　张	13.75
字　　数	228千字
版　　次	2025 年 4 月第 1 版
印　　次	2025 年 4 月第 1 次印刷
书　　号	ISBN 978-7-5241-0015-7
定　　价	78.00元

版权所有　翻印必究

前　言

在全球经济一体化和信息技术迅猛发展的背景下，企业的经营环境日趋复杂多变，财务管理作为企业管理的重要组成部分，其作用愈加突出。随着企业规模的扩大和业务的多元化，内部审计的地位和功能也在不断提升。财务管理与内部审计作为企业治理的重要工具，不仅关系到企业资源的有效配置和风险控制，也直接影响到企业的可持续发展和市场竞争力。如何在现代企业管理中有效整合财务管理与内部审计，成为当前企业亟待解决的重要课题。

本研究旨在探讨现代财务管理与内部审计的有机结合及其在企业管理中的应用。通过对两者的深度分析和结合，可以为企业在日趋激烈的市场竞争中提供理论支持和实践指导。随着企业对风险管理和内部控制的要求不断提高，内部审计的作用逐渐从传统的"事后检查"向"事前预防"和"事中控制"转变。这种转变不仅提高了财务管理的科学性和有效性，也提升了企业整体的管理水平。因此，研究财务管理与内部审计的关系，不仅具有理论价值，还具有广泛的实际应用意义。

本研究的主要目的是通过对现代财务管理和内部审计的现状与发展趋势进行深入分析，探索两者在企业管理中的协同效应，并提出相应的优化策略。具体而言，研究首先梳理现代财务管理和内部审计的基本理论框架，并分析两者在企业管理实践中的互动关系，然后结合案例研究提出可操作的建议。希望通过本研究，为企业在新形势下提升财务管理效率和内部审计质量提供参考，并进一步推动企业的持续健康发展。

本书的编写旨在为财务管理与内部审计领域的研究者、从业者及企业管理者提供系统的理论支持与实践指导，帮助他们更好地理解和应对现代企业管理中的财务与审计挑战。通过理论与实践的结合，读者可以深入了解现代财务管理与内部审计的最新发展动态及其在企业管理中的应用，以期推动企业实现更高效、更可持续的发展目标。

目 录

- **第一章 现代财务管理的理论基础与实践探索** …… 1
  - 第一节 财务管理的核心概念与发展趋势 …… 1
  - 第二节 财务管理的理论基础 …… 9
  - 第三节 现代财务管理技术与方法 …… 16
  - 第四节 实践中的财务管理案例分析 …… 30

- **第二章 内部审计的基本概念与框架体系** …… 41
  - 第一节 内部审计的定义与目标 …… 41
  - 第二节 内部审计的框架与标准 …… 50
  - 第三节 内部审计在企业风险管理中的作用 …… 60
  - 第四节 内部审计的挑战与未来趋势 …… 68

- **第三章 财务管理与内部审计的整合机制** …… 82
  - 第一节 财务管理与内部审计的协同效应 …… 82
  - 第二节 内部审计在财务管理中的监督作用 …… 88
  - 第三节 财务管理在内部审计中的支持功能 …… 97
  - 第四节 整合机制下的挑战与对策 …… 108

- **第四章 现代财务管理中的内部审计策略** …… 122
  - 第一节 财务管理关键环节的内部审计 …… 122
  - 第二节 风险管理视角下的内部审计策略 …… 135
  - 第三节 信息化环境下的内部审计策略 …… 146
  - 第四节 内部审计策略的创新与实践 …… 161

❖ 第五章 内部审计在现代财务管理中的分析 ······ 166

第一节 内部审计在资金管理中的应用案例 ······ 166

第二节 内部审计在投资决策中的作用 ······ 172

第三节 内部审计在成本控制与预算管理中的实践 ······ 178

第四节 内部审计在绩效评价中的应用 ······ 183

❖ 第六章 现代财务管理与内部审计的未来展望 ······ 187

第一节 财务管理与内部审计的发展趋势 ······ 187

第二节 财务管理与内部审计面临的挑战 ······ 191

第三节 提升财务管理与内部审计效能的路径 ······ 195

第四节 未来财务管理与内部审计的愿景 ······ 200

❖ 结 语 ······ 207

❖ 参考文献 ······ 209

第一章 现代财务管理的理论基础与实践探索

❖ 第一节 财务管理的核心概念与发展趋势

财务管理的核心概念与发展趋势是现代企业管理的重要组成部分。财务管理主要包括筹资、投资、营运资金管理和利润分配等活动，旨在通过科学合理的资金运作，实现企业价值最大化的目标。随着经济全球化和信息技术的发展，财务管理也在不断演变①。

在核心概念方面，资金时间价值、风险管理、资本结构优化和财务绩效评估是财务管理的基础。资金时间价值强调了现有资金相对于未来资金的更高价值，这对于投资决策至关重要。风险管理通过识别、评估和控制财务风险，保障企业的财务稳定性。资本结构优化涉及平衡债务与权益的比例，以实现融资成本最低化和财务灵活性最大化。

发展趋势方面，全球化背景下的财务管理需要应对跨国经营和汇率波动的挑战，数字化转型推动了大数据和人工智能在财务分析与决策中的应用。绿色金融和可持续发展理念逐渐融入财务管理，企业在追求经济效益的同时也关注环境保护和社会责任。通过不断创新与优化，财务管理在企业提升竞争力和实现长期发展的过程中扮演着越来越重要的角色。

一、财务管理的定义与重要性

（一）财务管理的定义

财务管理是指企业在生产经营活动中，通过科学合理的筹资、投资、营运资

---

① 张巧红. 内部审计在现代财务管理中的应用与效用分析 [J]. 经贸实践, 2016 (1X): 1.

金管理和利润分配等活动，以实现企业价值最大化为目标的管理过程。它涉及企业资金的获取、使用和分配，并对这些过程进行规划、控制和监督。财务管理不仅关注企业的短期财务表现，还注重企业的长期发展战略，是企业整体管理的重要组成部分。

（二）财务管理的重要性

财务管理的重要性体现在多个方面，对企业的生存与发展具有至关重要的作用。财务管理确保企业资金的有效利用。企业的经营活动离不开资金的支持，财务管理通过科学的筹资策略和投资决策，确保企业在适当的时间以合理的成本获得所需资金，并将其投入到最能产生效益的项目中。这不仅提高了资金的使用效率，还增强了企业的盈利能力和市场竞争力。财务管理有助于提高企业的盈利能力。通过精细的成本控制和预算管理，企业可以有效降低运营成本，增加利润空间。财务管理通过绩效评价和财务报表分析，及时发现和解决经营中存在的问题，优化资源配置，提升企业的整体盈利水平。

财务管理在风险管理中扮演着重要角色。企业在经营过程中面临各种财务风险，如市场风险、信用风险、流动性风险等。财务管理通过风险识别、评估和控制，帮助企业建立健全的风险管理体系，防范潜在的财务风险，保障企业的财务安全和稳定运行。财务管理支持企业的战略决策。财务管理提供的财务数据和分析结果是企业制定战略决策的重要依据。通过财务预测和分析，企业可以更准确地把握市场趋势，制定科学的经营战略和投资计划，确保企业在激烈的市场竞争中保持优势地位[①]。

财务管理在企业与利益相关者之间起到桥梁作用。通过透明、准确的财务信息披露，企业可以增强与股东、债权人、供应商等利益相关者的信任和合作，提升企业的社会信誉和形象。财务管理还涉及企业社会责任的履行，通过合理的利润分配和社会投资，实现企业经济效益与社会效益的双赢。财务管理是企业管理中不可或缺的一环。它不仅保障了企业资金的有效运作和盈利能力的提升，还在

---

① 杨丽丽.建筑安装企业内部审计与财务管理的分析［J］.现代国企研究，2019（12）：1.

风险管理和战略决策中发挥着关键作用。随着经济全球化和信息化的不断推进，财务管理的作用和重要性将更加突出，企业必须不断提升财务管理水平，才能在激烈的市场竞争中立于不败之地。

二、现代财务管理的演变历程

（一）传统财务管理模式

传统的财务管理模式以会计核算为核心，注重记录和报告企业的财务状况和经营成果。会计核算主要包括记账、编制财务报表、资产负债表、利润表和现金流量表等。通过这些报表企业可以了解其财务状况、经营成果和现金流情况，从而为决策提供基础数据。这种模式往往过于注重历史数据的记录和报告，而忽略了对未来财务状况的预测和分析。

在传统财务管理中成本控制和预算管理是两个重要的方面。成本控制主要通过制定标准成本、进行成本分析和控制实际成本来实现，旨在减少浪费，提高企业的经济效益。预算管理则通过编制预算、执行预算和预算控制，帮助企业合理分配资源，控制开支，实现经营目标。虽然这种模式在一定程度上提高了企业的管理水平和经济效益，但其局限性在于缺乏对外部环境和未来变化的关注，难以适应快速变化的市场环境。具体传统的财务管理模式的主要步骤如图1-1所示。

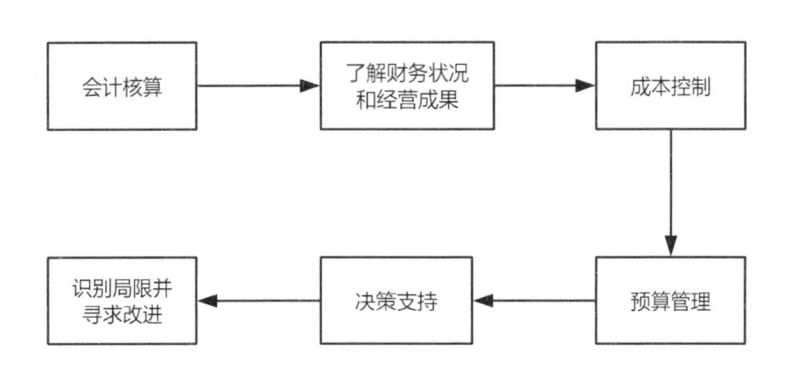

图1-1 传统财务管理模式的主要步骤

（二）20世纪中后期的财务管理

随着市场经济的发展和企业规模的扩大，财务管理逐渐从单纯的会计核算转向更为复杂和综合的管理活动。20世纪中后期，企业开始引入财务预测和分析，通过预测未来的市场需求、销售收入和成本支出，提前制定应对策略，增强企业的竞争力。财务预测和分析不仅有助于企业制定长期战略规划，还可以及时发现和解决潜在的问题，提高企业的决策水平[①]。

在这一阶段企业财务管理开始重视资金的时间价值和资本结构优化。资金的时间价值观念强调资金在不同时间点的价值不同，通过贴现率计算未来现金流的现值，帮助企业进行投资决策和项目评估。资本结构优化则关注企业的负债和权益比例，旨在通过合理的资本结构降低融资成本，提高企业的财务稳健性。通过引入这些新理念，企业的财务管理水平得到显著提升，能够更好地应对市场竞争和经济波动。

（三）21世纪的财务管理

进入21世纪，全球化和信息技术的快速发展对企业财务管理产生了深远影响。全球化使企业的经营范围扩大到全球市场，跨国经营成为常态，这要求企业具备更高水平的财务管理能力，能够处理不同国家和地区的财务法规、税收政策和汇率风险。信息技术的进步极大地改变了财务管理的方式和方法，企业通过使用财务软件、ERP系统和大数据分析工具，提高了财务数据处理的效率和准确性。

面对日益复杂的经营环境，企业逐渐建立起综合性财务管理体系，将财务管理与战略管理、风险管理和绩效管理相结合，形成一个有机的整体。这种综合性财务管理体系不仅关注企业的财务状况，还注重企业的战略目标、市场环境和内部控制，通过协调各个管理环节，实现企业价值的最大化[②]。综合性财务管理体系的建立，使企业能够更加灵活和高效地应对市场变化，提升了企业的核心竞争力。

---

① 赵继红.内部审计在行政事业单位现代财务管理中的作用分析[J].中国科技投资，2022 (31)：13-15.

② 胡继荣，张晴.现代企业制度下内部审计组织框架的探讨——基于国有企业集团的分析 [C]//大型国有企业集团财务管理热点与难点专题研讨会论文集，2004.

三、当前财务管理的核心趋势

(一) 全球化背景下的财务管理

全球化背景下跨国经营成为许多企业的战略选择。跨国经营带来了汇率风险管理的挑战。汇率波动可能导致企业的财务成本增加,甚至影响其盈利能力。为应对这一挑战,企业需要建立健全的汇率风险管理机制,包括使用金融衍生工具进行套期保值、调整经营策略以分散风险等。企业还需要关注各国的财务法规和税收政策,确保合规经营,避免法律风险。

在全球化背景下企业的税务筹划变得更加复杂。各国的税收政策差异使得跨国企业需要进行国际税收筹划,以优化税负。企业可以通过合理安排业务结构、利用税收协定和国际避税地等方法,降低税务成本,提升财务效益。这一过程需要企业具备专业的税务知识和丰富的国际经验,同时遵守各国的税收法律法规,避免陷入税务纠纷。

(二) 数字化转型对财务管理的影响

数字化转型使大数据和人工智能在财务管理中的应用越来越广泛。通过大数据分析,企业可以获取更多的市场信息和客户数据,进行精细化的财务分析和预测,提高决策的科学性[1]。人工智能则可以帮助企业自动化处理财务数据、优化财务流程、识别潜在的财务风险,提升工作效率和管理水平。例如利用机器学习算法,企业可以实现智能预算编制和成本控制,从而更好地实现财务目标。

(三) 可持续发展与财务管理

可持续发展要求企业在追求经济效益的同时关注环境保护和社会责任。绿色金融和环境会计成为现代财务管理的重要内容。绿色金融通过支持环保项目和可再生能源发展,帮助企业实现绿色转型。环境会计则通过对环境成本的核算和管

---

[1] 杜丽娟. 财务管理中内部审计发挥的作用分析与解读 [J]. 中国商论,2016 (35):2.

理，促使企业减少环境负荷，提升环境绩效[1]。企业在制定财务战略时，需要将可持续发展理念融入其中，推动企业的长期可持续发展。

企业社会责任（CSR）已经成为企业财务管理中不可忽视的重要方面。企业在追求利润的同时还需要关注员工福利、社会公益和环境保护。通过履行社会责任，企业不仅可以提升品牌形象和市场竞争力，还能够在财务上获得长期的回报。例如，企业可以通过捐赠、志愿服务和环保项目投资等方式履行社会责任，增强企业的社会影响力和美誉度。

（四）内部控制与风险管理

内部控制制度是企业财务管理的重要组成部分，其目的是保障企业资产的安全和财务数据的准确性。企业需要建立健全的内部控制制度，通过风险评估、内部审计和控制活动，及时发现和防范潜在风险。完善的内部控制制度不仅有助于提高企业的管理水平，还能增强企业的合规性和透明度，降低经营风险。

风险评估和内部审计是内部控制的重要手段。企业通过定期进行风险评估，识别和分析可能影响企业目标实现的风险，并制定相应的应对策略。内部审计则通过独立、客观的审计活动，对企业的内部控制和风险管理进行检查和评价，确保内部控制制度的有效运行。通过风险评估和内部审计，企业可以及时发现问题，采取措施加以改进，提高管理水平。

（五）人才培养与团队建设

财务管理的高效运行离不开专业的人才。企业需要重视财务专业人才的培养，通过内部培训、外部学习和职业发展规划，提高财务人员的专业水平和管理能力。企业还可以通过引进高级财务人才，增强财务管理团队的整体实力。财务专业人才的培养不仅有助于提升企业的财务管理水平，还能增强企业的竞争力。

在现代财务管理中团队协作和沟通至关重要。企业需要建立高效的财务团队，通过明确分工、加强沟通和团队协作，提高工作效率和管理水平。财务团队

---

[1] 姜雷. 内部审计在现代财务管理中的作用 [J]. 中外企业家, 2015 (1): 1.

的协作不仅包括内部财务人员之间的合作，还涉及与其他部门的协调和沟通。通过团队协作，企业可以更好地实现财务目标，提升整体管理水平。

四、财务管理在企业管理中的角色

（一）战略决策的支持者

财务管理在企业战略决策中起到至关重要的支持作用。财务数据的分析与预测可以为企业提供可靠的决策依据。通过对历史财务数据的分析，企业可以识别趋势和模式，进行科学的财务预测，从而制定合理的战略决策。例如，企业可以通过财务分析确定未来的投资方向和资金需求，并优化资源配置，实现长期战略目标。

财务管理在企业的投资决策和资本配置中也发挥着重要作用。企业需要通过科学的财务分析和评估，确定投资项目的可行性和收益性，合理配置资本，确保投资的有效性和安全性[①]。通过财务管理，企业可以优化资本结构，提高资金使用效率，实现投资回报最大化。例如，企业在进行新项目投资时，需要综合考虑资金成本、预期收益和风险水平，制定科学的投资决策。

（二）经营活动的监督者

财务管理在企业的经营活动中起到监督和控制作用。预算管理和成本控制是财务管理的重要内容。通过编制和执行预算，企业可以合理分配资源，控制支出，确保经营活动的有效进行。成本控制则通过对各项成本的分析和管理，减少不必要的开支，提高企业的盈利能力。通过预算管理和成本控制，企业可以实现财务目标，提升经营效率。

财务管理还通过绩效评价和财务报表分析，对企业的经营活动进行监督和评价。绩效评价通过设定财务指标和考核标准，衡量企业的经营成果和管理水平，发现问题并提出改进建议。财务报表分析则通过对资产负债表、利润表和现金流

---

① 王炎. 企业集团财务管理中心内部控制研究 [D]. 华中师范大学，2024.

量表的分析，全面了解企业的财务状况和经营成果，为管理层提供决策依据。例如，企业可以通过对财务报表的分析，发现潜在的财务问题，采取措施加以解决。

（三）风险管理的核心

财务管理在企业的风险管理中起到核心作用。风险识别与评估是风险管理的第一步，通过识别和分析可能影响企业目标实现的风险，企业可以制定相应的应对策略。财务管理通过对内外部环境的分析，识别潜在的财务风险，如市场风险、信用风险和流动性风险等，评估其可能带来的影响，为企业制定风险管理计划提供依据[1]。例如，企业在进行跨国经营时，需要评估汇率波动带来的风险，制定相应的应对措施。

在风险识别与评估的基础上，企业需要制定和实施风险应对与控制措施。财务管理通过风险对冲、保险和内部控制等手段，帮助企业降低和控制风险，确保财务安全和稳定运行。通过建立健全的内部控制制度，企业可以及时发现和防范潜在风险，提高风险管理水平。例如，企业可以通过内部审计，定期检查内部控制的执行情况，及时发现和解决问题。

（四）利益相关者的桥梁

财务管理在企业与利益相关者之间起到桥梁作用。通过透明、准确的财务信息披露，企业可以增强与股东、债权人等利益相关者的信任和合作。财务管理通过编制和发布财务报告，向股东和债权人展示企业的财务状况和经营成果，增强其对企业的信任和支持。例如，企业在召开股东大会时，需要向股东报告财务状况和经营成果，回答股东的疑问，增强股东的信任和支持。

通过对财务管理定义与重要性、演变历程、核心趋势以及在企业管理中角色的详细分析，读者可以全面理解财务管理在现代企业中的重要地位及其发展方向。财务管理不仅是企业实现价值最大化的重要手段，也是企业应对全球化和数

---

[1] 武莹. 高等院校财务管理存在的问题及完善 [D]. 西南财经大学，2012.

字化挑战的关键环节。企业需要不断提升财务管理水平,通过科学的财务决策和管理,确保企业的长期稳健发展。

❖ 第二节 财务管理的理论基础

　　财务管理的理论基础是企业管理中至关重要的一部分,涵盖了资金时间价值、风险管理、资本结构理论、投资决策、成本控制、预算管理、财务分析与绩效评价等多方面内容。这些理论和方法不仅为企业的财务决策提供了科学依据,还帮助企业在复杂多变的市场环境中保持竞争力。资金时间价值理论强调现有资金的投资价值,指导企业通过贴现现金流量法评估投资项目的可行性,从而优化资金使用效率。

　　风险管理理论则为企业识别、评估和控制各种财务风险提供了系统的方法,有效降低了不确定性,保障财务稳健性和持续发展能力。资本结构理论探讨了企业在不同债务和权益比例下的市场价值,指导企业在融资决策中选择最优的资本结构,平衡财务成本与风险,提升整体财务绩效。投资决策理论结合资金时间价值和资本结构,帮助企业科学评估投资项目,合理配置资本,实现最大化的投资回报。

　　成本控制与预算管理是企业内部管理的核心,通过精细的成本控制和全面的预算管理,企业可以优化资源配置,降低运营成本,提高盈利能力。预算管理不仅帮助企业合理规划和控制财务资源,还通过动态调整和绩效考核,确保各项预算目标的实现。财务分析和绩效评价则为企业的经营管理提供了重要的诊断工具,通过对财务报表和经营数据的全面分析,企业可以及时发现经营中的问题和机会,制定科学的改进措施,提高整体管理水平和市场竞争力。绩效评价体系结合财务指标、运营指标、市场指标和社会责任指标,全面评估企业的经营成果和管理水平,推动企业在追求经济效益的同时履行社会责任,实现可持续发展。

　　现代财务管理理论的发展受到全球化和信息技术的深刻影响。全球化背景下企业的财务管理需要应对跨国经营带来的汇率风险和税收筹划挑战,建立全球视角的财务管理体系。信息技术的快速发展使大数据、人工智能和区块链等技术在财务管理中得到广泛应用,提高了财务数据处理的效率和准确性,推动了财务管理的智能化和数字化转型。大数据技术为企业提供了更多的市场信息和客户数据,通过精细化的财务分析和预测,企业可以做出更加科学和精准的决策。人工智能技术则帮助企业实现财务数据的自动化处理和风险识别,提高工作效率和管理水平。区块链技术在交易记录、供应链金融和资产管理中发挥了重要作用,提升了财务管理的透明度和安全性。

可持续发展理念的引入使财务管理不仅关注企业的经济效益,还关注环境保护和社会责任。绿色金融和环境会计成为现代财务管理的重要内容,通过支持环保项目和进行环境成本核算,企业可以推动绿色转型,实现长期可持续发展。社会责任与企业财务战略的结合,使企业在追求利润的同时关注员工福利、社会公益和环境保护,提升品牌形象和社会影响力。内部控制与风险管理的完善是现代财务管理的重要保障,通过建立健全的内部控制制度和风险管理体系,企业可以及时发现和防范潜在风险,提高财务信息的准确性和可靠性。

财务管理的理论基础还强调了人才培养和团队建设的重要性。高素质的财务人才和高效的团队协作是企业财务管理高效运行的保障。企业需要注重财务专业人才的培养,通过内部培训、外部学习和职业发展规划,提高财务人员的专业水平和管理能力。通过明确分工、加强沟通和团队协作,提升财务管理团队的整体水平和工作效率。

财务管理的理论基础为企业提供了全面、系统的管理方法和工具,帮助企业在复杂多变的市场环境中实现财务目标和可持续发展。企业通过科学的财务决策和管理,可以优化资源配置,提高盈利能力和市场竞争力,确保长期稳健发展。现代财务管理理论的不断创新和发展,将继续为企业的财务管理提供新的思路和方法,推动企业在全球化和信息化的背景下,保持竞争优势,实现可持续发展。

一、资金时间价值与风险管理

(一)资金时间价值的概念与重要性

资金时间价值是财务管理的基本概念之一,指的是资金在不同时间点的价值差异。这一概念的核心在于，现有资金的价值通常高于未来同等金额的资金，因为现有资金可以进行投资并获得收益。理解资金时间价值有助于企业在进行投资决策、资本预算和融资活动时，正确评估资金的机会成本和潜在收益。资金时间价值的重要性体现在以下几个方面，具体如表1-1所示。

表1-1 资金时间价值的重要性

项目	内容
投资决策	企业在进行投资项目评估时，需要考虑资金的时间价值，通过贴现现金流量法（DCF）来评估项目的净现值（NPV），以判断项目的可行性和盈利能力。
资本预算	在制定资本预算时，资金时间价值帮助企业确定各项投资的优先级，确保有限的资金用于最有价值的项目。
融资决策	融资过程中，企业需要评估不同融资方式的成本和收益，通过考虑资金的时间价值，选择最优的融资方案。

（二）风险管理在财务中的作用

风险管理是企业财务管理中不可或缺的一部分，旨在识别、评估和控制可能影响企业财务目标实现的各种风险。有效的风险管理可以帮助企业降低不确定性，提高财务稳定性和可持续发展能力。

风险管理的主要步骤包括：

1. 风险识别：通过内部审计、市场分析和财务报表分析等手段，识别企业面临的各类风险，如市场风险、信用风险、操作风险和法律风险。

2. 风险评估：对识别出的风险进行评估，确定其可能的影响和发生概率，使用定量和定性方法进行分析，如情景分析和敏感性分析。

3. 风险控制：制定和实施风险应对策略，包括风险规避、风险转移、风险缓解和风险承受等措施，确保风险在可控范围内。

4. 风险监控：建立风险监控体系，定期审查和评估风险管理效果，及时调整应对措施，确保风险管理的持续有效性。

有效的风险管理不仅能够保障企业的财务安全，还可以提高企业的信用评级，降低融资成本，增强投资者和利益相关者的信心。

二、资本结构理论与投资决策

(一) 资本结构理论的基本概念

资本结构指企业使用的各种长期资本来源的构成与比例，主要包括债务和权益两部分。资本结构理论研究的是如何在不同的债务和权益比例中找到最佳平衡点，以实现企业市场价值最大化。主要的资本结构理论包括：净收益理论（NI理论），该理论认为在一定范围内，通过增加债务融资可以提高每股收益和公司价值，因为债务成本低于权益成本；净营业收益理论（NOI 理论），认为资本结构对企业价值无影响，因为投资者会根据企业的风险调整其要求的报酬率，使企业整体资本成本保持不变；传统理论则介于 NI 理论和 NOI 理论之间，认为在适度债务水平下，企业的加权平均资本成本（WACC）最低，公司价值最高，但过高的债务比例会增加财务风险，反而降低公司价值；MM 理论由莫迪利安尼和米勒提出，假设在无税情况下，企业资本结构与公司价值无关，而在考虑企业所得税时，债务融资可通过税盾效应增加企业价值。

(二) 投资决策中的资本结构考量

在投资决策中，企业需要综合考虑资本结构对项目的影响，以确保投资决策的科学性和合理性。资本结构在投资决策中的主要考量因素如表 1-2 所示。

表 1-2 资本结构在投资决策中的主要考量因素

项目	内容
资本成本	企业应评估不同融资方式的资本成本，通过比较债务和权益的融资成本，选择最优的资本结构。一般来说，债务融资成本较低，但过多的债务会增加财务风险。
财务风险	企业需要平衡债务和权益的比例，以控制财务风险。过高的债务比例会增加财务杠杆效应，导致企业面临更大的偿债压力和财务困境。
资本结构的灵活性	企业应保持一定的财务灵活性，以应对未来的不确定性和投资机会。适度的权益融资可以提高企业的偿债能力和财务弹性。
税收考虑	在投资决策中，企业应考虑税收政策对资本结构的影响，通过合理利用税盾效应，降低整体税负，提高投资回报率。

通过综合考虑资本结构的各个方面，企业可以在投资决策中选择最优的融资组合，确保项目的财务可行性和整体效益。

三、成本控制与预算管理

（一）成本控制的重要性

成本控制是企业财务管理中的核心内容，旨在通过有效的管理手段和措施，降低生产和运营成本，提高企业的盈利能力。成本控制的重要性主要体现在以下几个方面：

1. 提高盈利能力：通过有效的成本控制，企业可以减少不必要的支出，增加利润空间，提高整体盈利能力。

2. 增强竞争力：成本控制有助于企业降低产品和服务的价格，提高市场竞争力，吸引更多的客户和市场份额。

3. 优化资源配置：通过成本控制，企业可以更合理地分配和使用资源，提高资源利用效率，避免资源浪费。

4. 风险管理：成本控制有助于企业识别和管理财务风险，通过降低成本，提高企业的财务稳健性和抗风险能力[1]。

成本控制是企业财务管理的核心，通过降低生产和运营成本，提高盈利能力和市场竞争力。有效的成本控制不仅优化资源配置，减少浪费，还能增强企业的财务稳健性和抗风险能力，从而在激烈的市场竞争中保持优势。这一过程有助于企业在实现利润最大化的同时，确保长远发展的可持续性。

（二）预算管理的基本概念

预算管理是企业财务管理的重要工具，通过编制、执行和控制预算，企业可以实现资源的有效配置和财务目标的实现。预算管理的基本概念如表1-3所示。

---

[1] 秦玲. 国有企业财务管理与内部审计存在的关联性分析 [J]. 现代经济信息，2019（4）：1.

表 1-3　预算管理的基本概念

项目	内容
预算编制	预算编制是预算管理的起点，企业需要根据战略目标和经营计划，制定详细的财务预算，包括收入预算、成本预算、现金流预算等。
预算执行	预算执行是指企业按照预算编制的计划和目标，进行实际的经营活动和财务操作，确保各项预算的顺利实施。
预算控制	预算控制是预算管理的重要环节，通过定期的预算执行情况分析和比较，企业可以及时发现偏差，采取相应的控制措施，确保预算目标的实现。
预算调整	在预算执行过程中，企业可能会遇到外部环境和内部经营状况的变化，需要对预算进行调整和修订，以确保预算的科学性和可行性。

（三）成本控制与预算管理的结合

成本控制和预算管理是企业财务管理中相辅相成的重要手段。通过将两者有机结合，企业可以实现更高效的财务管理和资源配置。具体措施包括：

1. 全面预算管理：企业应实施全面预算管理，将成本控制融入到预算编制、执行和控制的全过程，确保各项成本预算的科学合理。

2. 动态成本控制：在预算执行过程中，企业应根据实际情况进行动态成本控制，及时调整和优化成本控制措施，确保预算目标的实现。

3. 成本核算与分析：企业应加强成本核算和分析，通过成本数据的定期分析，发现和解决成本管理中的问题，持续改进成本控制措施。

4. 绩效考核与激励：企业应建立健全的绩效考核和激励机制，将成本控制和预算管理的结果纳入绩效考核范围，激励员工提高成本管理意识和工作效率。

通过有效的成本控制和预算管理，企业可以实现资源的最优配置，降低运营成本，提高盈利能力和市场竞争力，确保财务目标的实现。

四、财务分析与绩效评价

（一）财务分析的基本方法

财务分析是企业财务管理中的重要工具，通过对财务报表和相关数据的分析，企业可以全面了解其财务状况和经营成果，为决策提供依据。财务分析的基本方法包括：

1. 比率分析：通过计算和分析各种财务比率，如流动比率、速动比率、资产负债率、净利润率等，评估企业的财务状况和经营绩效。

2. 趋势分析：通过对比不同期间的财务数据，分析企业财务状况和经营成果的变化趋势，识别潜在的问题和机会[①]。

3. 比较分析：通过将企业的财务数据与行业平均水平或竞争对手进行比较，评估企业的相对绩效和竞争力。

4. 现金流量分析：通过分析企业的现金流量表，评估企业的现金流动性和支付能力，判断企业的财务健康状况。

财务分析通过比率、趋势、比较和现金流量等方法，全面评估企业的财务状况和经营绩效，为决策提供重要依据，助力企业优化管理。

（二）绩效评价的主要指标

绩效评价是企业财务管理的重要环节，通过对企业经营成果和财务状况的全面评价，企业可以发现和解决管理中的问题，提高整体绩效。绩效评价的主要指标包括财务指标、运营指标、市场指标、社会责任指标。财务指标包括收入、成本、利润、资产回报率、权益回报率等，通过这些指标评估企业的盈利能力和财务绩效。运营指标包括库存周转率、应收账款周转率、固定资产周转率等，通过这些指标评估企业的运营效率和资源利用情况。市场指标包括市场份额、客户满意度、品牌价值等，通过这些指标评估企业的市场竞争力和客户关系管理水平。社会责任指标包括环保绩效、社会公益投入、员工满意度等，通过这些指标评估企业的社会责任履行情况和可持续发展能力。

（三）财务分析与绩效评价的结合

财务分析和绩效评价是企业财务管理中相互促进的重要工具。通过将两者有

---

① 杨文戈. 内部审计在国有企业财务管理中的作用分析 [J]. 现代国企研究，2018 (24)：1.

机结合，企业可以实现更加全面和科学的财务管理①。具体措施包括：

1. 综合财务分析：在进行财务分析时，企业应结合绩效评价的指标，全面评估企业的财务状况和经营成果，发现和解决管理中的问题。

2. 绩效评价体系：企业应建立完善的绩效评价体系，将财务分析的结果纳入绩效评价范围，通过综合评价企业的经营绩效和财务状况，提高管理水平。

3. 持续改进：通过定期的财务分析和绩效评价，企业可以持续改进管理措施，优化资源配置，提高经营效率和财务绩效。

4. 决策支持：财务分析和绩效评价的结果可以为企业的战略决策提供重要依据，帮助企业制定科学的经营战略和财务计划，实现长期发展目标。

通过有效的财务分析和绩效评价，企业可以全面了解其财务状况和经营成果，发现和解决管理中的问题，提高整体绩效和市场竞争力，实现财务目标和可持续发展。

❖ 第三节 现代财务管理技术与方法

现代财务管理技术与方法在企业管理中发挥着至关重要的作用，随着全球化和信息技术的迅速发展，这些技术和方法变得更加复杂和先进。信息技术的广泛应用极大地改变了财务管理的方式。企业通过使用财务软件、企业资源计划系统（ERP）和大数据分析工具，能够提高财务数据处理的效率和准确性。财务软件使得企业可以自动化处理日常财务事务，如记账、报表编制和税务申报等，从而减少了人工错误，提高了工作效率。

ERP系统则将财务管理与其他业务流程紧密结合，实现了财务数据的实时共享和全面管理，提升了企业整体运营效率。大数据分析工具则通过对海量数据的分析和挖掘，帮助企业进行精细化的财务分析和预测，提高了财务决策的科学性和准确性。

---

① 怀冬梅.基于内部审计在现代财务管理中的价值分析 [J].财会研究，2024（8）：8.

人工智能和区块链技术的应用是现代财务管理技术的重要发展方向。人工智能技术在财务管理中的应用包括智能报账、自动化财务分析和智能风控等。通过机器学习算法，企业可以实现财务数据的自动分类和处理，提高了财务管理的智能化水平。人工智能还可以用于风险管理，通过对历史数据的分析，识别潜在的财务风险，提供预警和解决方案，帮助企业防范和控制风险。

区块链技术则以其去中心化、不可篡改和透明性等特点，在财务管理中具有广阔的应用前景。企业通过区块链技术，可以实现交易记录的实时共享和验证，提高财务数据的透明度和可靠性。区块链技术在供应链金融、智能合约和资产管理中的应用，能够降低交易成本，简化财务流程，提升管理效率。

现代财务管理方法也在不断创新和发展。精益财务管理是近年来备受关注的一种管理方法，强调通过精益思想和工具，提高财务管理的效率和效果。精益财务管理通过减少浪费、优化流程和提高员工参与度，实现财务资源的高效利用和价值创造。

另一个重要的发展是行为财务学的应用，传统财务管理理论假设人是完全理性的，而行为财务学则认识到人的非理性行为对财务决策的影响。通过研究和理解人的行为偏差，企业可以制定更符合实际的财务决策策略，提高财务管理的有效性[1]。

现代财务管理技术与方法的另一个重要方面是风险管理和内部控制的提升。企业在全球化和数字化的背景下面临着更加复杂的风险环境，必须通过先进的技术和科学的方法进行有效的风险管理。企业可以通过风险评估、内部审计和控制活动，识别和防范潜在风险，确保财务信息的准确性和可靠性。内部控制制度的完善也是提高财务管理水平的重要保障，通过建立健全的内部控制体系，企业可以增强财务管理的透明度和合规性，降低财务风险。

可持续发展和社会责任也是现代财务管理的重要内容。随着全球环保意识的增强和社会责任的提升，企业在追求经济效益的同时必须注重环境保护和社会责任的履行。绿色金融和环境会计成为现代财务管理的重要工具，企业通过支持环

---

[1] 杨桦. 现代医院财务审计内部控制问题分析与对策[J]. 新财经：理论版, 2012 (12): 217-218.

保项目和进行环境成本核算，可以推动绿色转型，实现长期可持续发展。社会责任报告也是企业财务管理的重要内容，通过透明、准确地披露企业的社会责任履行情况，企业可以增强与利益相关者的信任和合作，提高社会影响力和品牌价值。

现代财务管理技术与方法的创新和发展，为企业在复杂多变的市场环境中提供了强有力的支持。企业通过不断提升财务管理技术水平和应用科学的方法，可以优化资源配置，提高运营效率和盈利能力，增强市场竞争力和可持续发展能力。未来，企业需要不断关注财务管理技术的前沿发展，结合自身实际情况，持续创新和改进财务管理实践，以应对全球化和数字化带来的挑战，实现长期稳健发展[①]。

一、信息化管理在财务管理中的应用

（一）财务软件的应用与发展

财务软件的应用和发展已经深刻地改变了现代企业财务管理的方式和效率。传统的手工财务管理方式不仅耗时耗力，而且容易出现错误，难以满足企业快速变化的需求。财务软件通过自动化和智能化的功能，极大地提升了财务数据处理的效率和准确性。

早期的财务软件主要是会计核算软件，功能比较简单，主要用于基本的记账和报表编制。随着技术的进步和企业需求的不断提升，财务软件逐渐演变为综合性的财务管理系统，涵盖了预算管理、成本控制、资产管理、税务管理、现金流管理等多个方面。

现代财务软件具备以下几个特点：

1. 自动化处理：财务软件能够自动化处理大量的财务数据，如账务处理、报表生成、税务计算等，减少了人工操作，提高了工作效率和数据准确性。

2. 实时数据更新：财务软件能够实时更新财务数据，提供最新的财务信息，

---

① 刘兴俭. 新形势下企业财务管理问题与对策分析 [J]. 现代经济信息，2012 (24)：2.

帮助管理层及时做出决策。

3. 数据集成：财务软件能够与其他业务系统集成，实现数据的共享和互通，打破信息孤岛，提升整体管理水平。

4. 智能分析：现代财务软件集成了大数据分析和人工智能技术，能够进行复杂的财务分析和预测，辅助企业制定科学的财务决策。

例如，Oracle Financials 和 SAP Financials 等财务软件不仅提供全面的财务管理功能，还集成了先进的数据分析和预测工具，帮助企业全面掌握财务状况，优化资源配置，提高管理水平。

（二）企业资源计划系统（ERP）的集成

企业资源计划系统（ERP）是现代企业信息化管理的重要工具，它将企业各个业务模块（如采购、生产、销售、财务等）集成在一个统一的平台上，实现数据的共享和业务流程的协同。ERP 系统的集成对于提升企业财务管理水平具有重要意义。

ERP 系统中的财务模块是整个系统的核心，它不仅处理传统的财务核算和报表编制，还负责企业的预算管理、成本控制、资产管理和现金流管理。ERP 系统通过与其他业务模块的集成，打通了企业的各个业务环节，形成了完整的业务闭环，提升了整体管理效率。

ERP 系统在财务管理中的主要作用包括：

1. 业务流程自动化：ERP 系统将财务管理与其他业务流程紧密结合，实现了业务流程的自动化和标准化，减少了人为干预和操作失误。

2. 数据实时共享：ERP 系统能够实时共享各个业务模块的数据，提供全面、及时的财务信息，支持管理层的决策。

3. 成本控制与优化：通过 ERP 系统，企业可以实时跟踪和分析成本数据，发现成本控制中的问题，优化资源配置，提高经营效率。

4. 合规管理：ERP 系统能够帮助企业遵循各项财务和税务法规，自动生成合规报告，减少合规风险。

例如，SAP ERP 和 Oracle ERP 等系统在全球范围内广泛应用，帮助企业实现了财务管理的自动化、数据的实时共享和业务流程的优化，极大地提升了企业的财务管理水平和整体运营效率。

（三）信息化管理的优势与挑战

信息化管理在财务管理中的应用为企业带来了显著的优势，但同时也面临一些挑战。其优势主要体现在以下几个方面：

1. 提高效率：信息化管理通过自动化和智能化的手段，大幅提升了财务数据处理的效率和准确性，减少了手工操作的错误和时间成本。

2. 实时数据支持决策：信息化管理能够实时提供最新的财务数据和分析结果，支持管理层及时做出科学的决策，增强企业的应变能力。

3. 优化资源配置：通过全面的财务数据分析，信息化管理帮助企业发现资源配置中的问题，优化资源分配，提高经营效益。

4. 增强合规性：信息化管理系统能够帮助企业遵循各项财务和税务法规，自动生成合规报告，减少合规风险。

然而信息化管理也面临一些挑战，信息化管理系统的开发、实施和维护成本较高，对中小企业来说可能是一个较大的负担。信息化管理系统处理大量的财务数据，数据安全和隐私保护成为重要的问题，企业需要投入大量资源确保系统的安全性。不同系统之间的集成与兼容性问题可能会影响信息化管理的效果，企业需要投入资源进行系统集成和兼容性测试。信息化管理系统的有效应用需要员工具备相关的技术和管理技能，企业需要进行持续的人员培训和管理，确保系统的有效使用。

（四）信息化管理的未来趋势

信息化管理在财务管理中的应用将持续深化和发展，未来呈现的主要趋势包括：智能化与自动化，随着人工智能和机器学习技术的进步，财务管理将更加智能化和自动化，实现更高水平的自动处理和智能决策支持；云计算与大数据，云计算和大数据技术将推动财务管理的信息化，通过云平台实现数据集中存储与处理，并通过大数据分析进行深入的财务数据挖掘和预测；移动化与实时化，移动技术的发展使财务管理更加灵活和实时，管理层可以随时随地访问和处理财务数据，做出及时决策；区块链技术的应用，区块链的去中心化、不可篡改和透明性特点将在财务管理中广泛应用，提高财务数据的透明度和安全性；个性化与定制化，信息化管理系统将更加注重个性化和定制化，满足不同企业的特殊需求，提供更加灵活和定制化的解决方案。

信息化管理在财务管理中的应用已经成为企业提升管理水平和竞争力的重要手段。未来，随着技术的不断进步和应用的深化，信息化管理将继续为企业财务管理带来新的机遇和挑战。企业需要不断创新和改进信息化管理实践，充分发挥信息技术的优势，实现财务管理的全面提升。

二、大数据与人工智能在财务决策中的作用

（一）大数据分析在财务预测中的应用

大数据分析在财务预测中的应用已成为现代企业财务管理的重要手段，通过对海量数据的收集、存储和分析，企业能够获取更为全面和准确的财务信息，提升财务预测的科学性和准确性。主要应用包括收入预测，利用历史销售数据、市场趋势和客户行为的大数据分析，精准预测未来收入，制定科学的销售计划和预算；成本预测，通过对生产成本、运营成本和采购成本的深入分析，优化成本控制和资源配置；现金流预测，通过分析历史现金流数据，预测未来现金流状况，有效进行资金管理，确保流动性和安全性；风险预测，分析市场风险、信用风险和操作风险等因素，提供风险预警和应对策略，帮助企业有效控制风险。例如一家零售企业通过大数据分析综合考虑历史销售数据、季节性因素和市场需求变化，精准预测未来销售收入和库存需求，从而制定科学的采购计划和库存管理策略，降低库存成本和销售风险。

（二）人工智能在财务管理中的应用案例

人工智能技术在财务管理中的应用，正在为企业带来革命性的变化。通过机器学习、自然语言处理和智能算法等人工智能技术，企业可以实现财务数据的自

动化处理、智能分析和决策支持，提升财务管理的效率和效果。

以下是人工智能在财务管理中的几个典型应用案例：

1. 智能报账：人工智能技术可以自动处理报账单据，识别并分类各类费用，减少人工操作，提高报账效率和准确性。例如，AI可以通过扫描和识别发票上的信息自动录入财务系统，生成报表和凭证。

2. 自动化财务分析：通过机器学习算法，人工智能可以对大量财务数据进行自动分析，识别数据中的异常和趋势，提供智能化的财务报告和分析结果。例如，AI可以对企业的财务报表进行自动分析，发现潜在的财务风险和机会，提供决策建议。

3. 智能风控：人工智能技术可以实时监控企业的财务数据，识别和预警潜在的财务风险，提供智能化的风险管理方案。例如，AI可以通过分析企业的交易数据识别异常交易行为，提供风险预警和应对措施。

4. 智能投资决策：通过智能算法和数据分析，人工智能可以为企业提供投资决策支持，评估投资项目的可行性和风险，优化投资组合和资源配置。例如，AI可以通过分析市场数据和投资历史，提供投资建议和策略，帮助企业实现投资收益最大化。

这些应用案例表明，人工智能技术在财务管理中的应用，不仅提高了数据处理的效率和准确性，还为企业提供了更加智能和科学的决策支持，提升了整体财务管理水平。

（三）智能财务决策系统的构建

智能财务决策系统是大数据和人工智能技术在财务管理中的深度融合，通过智能算法和数据分析，提供全面、科学的财务决策支持。构建智能财务决策系统，需要以下几个关键步骤：

1. 数据收集与处理：智能财务决策系统首先需要收集和处理大量的财务数据，包括企业内部的财务数据、市场数据、行业数据和宏观经济数据等。这些数据需要经过清洗、整合和处理，确保数据的准确性和完整性。

2. 智能算法设计：智能财务决策系统需要设计和实现智能算法，包括机器学习算法、自然语言处理算法和智能决策算法等。这些算法需要能够对海量数据进行快速分析，发现数据中的规律和趋势，提供科学的决策支持。

3. 系统集成与实现：智能财务决策系统需要与企业现有的财务系统和业务系统进行集成，实现数据的共享和互通。系统需要具备实时数据处理和分析的能力，提供及时和准确的决策支持。

4. 用户界面设计：智能财务决策系统需要设计友好和直观的用户界面，使得管理层和财务人员能够方便地使用系统，获取所需的决策支持和分析结果。用户界面需要提供丰富的图表和报表，帮助用户理解和分析数据。

5. 系统测试与优化：智能财务决策系统在实施过程中，需要进行全面的测试和优化，确保系统的稳定性和可靠性。系统需要不断优化算法和数据处理流程，提升决策支持的准确性和有效性。

通过构建智能财务决策系统，企业可以实现财务数据的智能化处理和科学决策，提升财务管理的效率和效果，为企业的可持续发展提供有力支持。

（四）大数据与人工智能的整合与前景

大数据和人工智能技术的整合，为财务管理带来了新的机遇和前景。通过将大数据技术的强大数据处理能力与人工智能技术的智能分析能力相结合，企业可以实现更加全面和深入的财务数据分析和决策支持[1]。

大数据与人工智能的整合，主要体现在以下几个方面：

1. 数据挖掘与分析：大数据技术可以收集和处理海量的财务数据，人工智能技术可以对这些数据进行智能分析，发现数据中的规律和趋势，提供科学的决策支持。

2. 实时监控与预警：通过大数据和人工智能技术，企业可以实现财务数据的实时监控和预警，及时识别和应对潜在的财务风险，提高风险管理的水平。

3. 智能化决策支持：大数据和人工智能技术可以为企业提供智能化的决策支持，包括投资决策、预算管理、成本控制等多个方面，提升决策的科学性和有

---

[1] 林礼谊. 关于现代企业建立财务共享服务中心的分析与探讨 [J]. 中国内部审计, 2022（1）: 88-92.

效性。

4. 个性化与定制化：大数据和人工智能技术可以根据企业的特殊需求，提供个性化和定制化的财务管理解决方案，满足不同企业的需求，提高管理水平。

未来，大数据和人工智能技术在财务管理中的应用将继续深化和拓展。随着技术的不断进步和应用的推广，企业将能够更加充分地利用大数据和人工智能技术，提升财务管理的智能化水平，实现更加科学和高效的财务决策和管理。

三、财务风险管理工具与策略

（一）风险识别与评估方法

风险识别与评估是财务风险管理的基础，通过系统的方法识别和评估企业面临的各种财务风险，企业可以制定有效的风险应对策略，确保财务安全和稳定运行。

风险识别与评估的方法主要包括以下几个方面：

1. 定性分析：通过专家评估、问卷调查和头脑风暴等方法，识别和评估企业面临的各种风险。定性分析能够提供对风险的全面认识，帮助企业了解风险的性质和影响。

2. 定量分析：通过统计分析、回归分析和蒙特卡罗模拟等方法，对风险进行量化评估。定量分析能够提供对风险的精确评估，帮助企业制定科学的风险管理策略。

3. 情景分析：通过构建不同的情景，评估各种情景下的风险和影响，帮助企业制定应对不同情景的策略。情景分析能够提高企业对不确定性的应对能力，增强风险管理的灵活性。

4. 风险矩阵：通过构建风险矩阵，将风险的发生概率和影响程度进行矩阵分析，帮助企业识别和评估重点风险，制定相应的风险应对策略。风险矩阵能够提供对风险的直观认识，帮助企业确定风险管理的重点。

通过系统的风险识别与评估，企业可以全面了解和掌握自身面临的财务风险，制定科学的风险管理策略，提高财务管理的水平和效果。

（二）金融衍生工具的应用

金融衍生工具是企业进行风险管理的重要手段，通过合理使用这些工具，企业能够有效对冲和转移财务风险，降低财务风险对经营的影响。主要的金融衍生工具包括期货合约、期权合约、掉期合约和远期合约。期货合约允许企业通过锁定未来的交易价格来避免价格波动带来的风险，广泛应用于商品、外汇和利率领域；期权合约赋予持有人在未来以特定价格买入或卖出标的资产的权利，为企业提供灵活的风险管理工具；掉期合约则是一种在未来交换一系列现金流的协议，主要用于管理利率和外汇风险；远期合约是双方约定在未来某日期按特定价格进行交易的协议，常用于外汇和商品交易中以锁定价格，降低价格波动风险。例如，一家跨国公司可以通过外汇期货合约锁定未来的汇率，避免汇率波动对利润的影响；制造企业可以通过商品期货合约锁定原材料价格，降低原材料价格波动带来的成本风险。通过这些金融衍生工具，企业能够有效对冲财务风险，稳定经营环境，并提高整体的风险管理效果。

（三）内部控制与审计机制

内部控制与审计机制是企业财务风险管理的重要组成部分，通过建立健全的内部控制制度和审计机制，企业可以有效识别和防范财务风险，提高财务管理的透明度和可靠性。

内部控制制度主要包括以下几个方面：

1. 控制环境：控制环境是内部控制的基础，企业需要建立良好的控制环境，营造合规和诚信的企业文化，提高员工的风险管理意识。

2. 风险评估：企业需要进行系统的风险评估，识别和评估各种财务风险，制定相应的控制措施和应对策略。

3. 控制活动：控制活动是内部控制的核心，企业需要制定和实施一系列控制活动，包括授权审批、职责分离、定期审计等，确保内部控制的有效执行。

4. 信息与沟通：企业需要建立有效的信息与沟通机制，确保财务信息的及时传递和沟通，提高内部控制的透明度和效率。

5. 监控活动：企业需要建立持续的监控活动，对内部控制的执行情况进行定期检查和评价，发现和解决内部控制中的问题，确保内部控制的持续有效性。

审计机制是内部控制的重要保障，通过独立、客观的审计活动，企业可以对内部控制和财务管理进行全面检查和评价，确保财务信息的准确性和可靠性。

(四) 风险管理策略与案例分析

风险管理策略是企业应对财务风险的重要手段，通过制定和实施科学的风险管理策略，企业可以有效降低财务风险，提高财务管理的水平和效果。

风险管理策略主要包括以下几个方面：

1. 风险规避：企业可以通过调整经营策略，避免和减少风险的发生。例如企业可以选择避开高风险市场，降低市场风险。

2. 风险转移：企业可以通过保险、合同等方式，将风险转移给第三方。例如企业可以购买保险，转移自然灾害和意外事故等风险。

3. 风险缓解：企业可以通过采取预防措施，降低风险的发生概率和影响程度。例如企业可以加强内部控制，减少操作风险。

4. 风险承受：企业可以根据自身的风险承受能力，选择承受一定的风险，并制定应对策略。例如企业可以建立风险准备金，抵御潜在的财务风险。

案例分析是风险管理的重要工具，通过对典型风险管理案例的分析，企业可以借鉴成功经验，优化自身的风险管理策略。例如一家跨国公司在进行外汇风险管理时，通过使用外汇期货合约锁定未来的汇率，避免了汇率波动对企业利润的影响；一家制造企业在进行原材料价格风险管理时，通过使用商品期货合约锁定原材料价格，降低了原材料价格波动带来的成本风险[①]。通过系统的风险管理策略和案例分析，企业可以有效应对财务风险，提高财务管理的水平和效果。

四、跨国财务管理的特殊挑战与机遇

(一) 跨国税务筹划与管理

跨国税务筹划与管理是跨国企业财务管理中的重要内容，通过科学的税务筹

---

① 邓志华. 企业内部审计与财务管理协同助力高质量发展 [J]. 商场现代化，2022 (24)：3.

划和管理，企业可以优化税负，提高财务效益。

跨国税务筹划与管理主要包括以下几个方面：

1. 税务合规：跨国企业需要遵循各国的税务法规，确保税务合规。企业需要了解各国的税收政策和法规，及时进行税务申报和缴纳税款，避免税务风险和法律纠纷。

2. 税收优惠：跨国企业可以通过合理利用各国的税收优惠政策，降低税务成本，提高财务效益。例如企业可以选择在税收优惠地区设立子公司，享受税收优惠政策。

3. 税务筹划：跨国企业可以通过科学的税务筹划，优化企业的组织结构和业务流程，降低税务成本，提高财务效益。例如企业可以通过转移定价、利润转移等方式，合理分配跨国业务的利润，优化税负。

4. 税务风险管理：跨国企业需要进行系统的税务风险管理，识别和评估税务风险，制定相应的应对策略。企业需要建立健全的税务管理制度，加强税务风险的监控和控制，提高税务管理的水平。

通过科学的税务筹划和管理，跨国企业可以优化税负，提高财务效益，增强市场竞争力。

（二）汇率风险管理与对冲策略

汇率风险管理是跨国企业财务管理中的重要内容，通过有效的汇率风险管理，企业可以避免汇率波动对财务状况和经营成果的影响。

汇率风险管理与对冲策略主要包括以下几个方面：

1. 自然对冲：自然对冲是通过调整业务结构和经营策略，实现汇率风险的自然对冲。例如企业可以通过在多个国家设立子公司，平衡不同国家的汇率波动，实现汇率风险的自然对冲。

2. 金融对冲：金融对冲是通过使用金融衍生工具，对冲汇率风险。例如企业可以通过外汇期货合约、外汇期权合约和外汇掉期合约等金融衍生工具，锁定未来的汇率，避免汇率波动对企业利润的影响。

3. 汇率风险评估：企业需要进行系统的汇率风险评估，识别和评估汇率风险的影响，制定相应的风险管理策略。企业需要了解各国的汇率政策和市场走势，及时调整汇率风险管理策略，提高风险管理的效果。

4. 汇率风险监控：企业需要建立健全的汇率风险监控机制，对汇率风险进行实时监控和预警，及时发现和应对潜在的汇率风险。企业需要使用先进的汇率风险管理工具，提高汇率风险管理的效率和效果。

通过有效的汇率风险管理与对冲策略，跨国企业可以避免汇率波动对财务状况和经营成果的影响，提高财务管理的稳定性和可预测性。

（三）国际财务报告标准的遵循

国际财务报告标准的遵循是跨国企业财务管理中的重要内容，通过遵循国际财务报告标准，企业可以提高财务信息的透明度和可靠性，增强市场信任度和投资者信心。

国际财务报告标准的遵循主要包括以下几个方面：

1. 国际财务报告标准（IFRS）：跨国企业需要遵循国际财务报告标准（IFRS），确保财务报表的透明度和可靠性。企业需要了解和掌握 IFRS 的具体要求，及时进行财务报表的编制和披露，提高财务信息的质量。

2. 合规管理：企业需要建立健全的合规管理制度，确保财务管理的合规性。企业需要进行系统的合规风险评估，识别和评估合规风险，制定相应的应对策略。企业需要加强合规培训，提高员工的合规意识和能力，确保合规管理的有效执行。

3. 内部控制与审计：企业需要建立健全的内部控制与审计机制，确保财务管理的透明度和可靠性。企业需要进行定期的内部审计，发现和解决内部控制中的问题，提高内部控制的有效性。企业需要加强外部审计，确保财务报表的准确性和可靠性，增强市场信任度和投资者信心。

4. 信息披露：企业需要加强财务信息的披露，提高财务信息的透明度和可靠性。企业需要定期披露财务报表和经营情况，提供全面、准确的财务信息，增强市场信任度和投资者信心。

通过遵循国际财务报告标准，跨国企业可以提高财务信息的透明度和可靠性，增强市场信任度和投资者信心，提升企业的市场竞争力和国际影响力。

（四）跨国并购与整合的财务管理

跨国并购与整合是跨国企业扩展业务、提升竞争力的重要手段，通过科学的财务管理，企业可以实现跨国并购与整合的顺利进行，提高经营效率和财务效益。

跨国并购与整合的财务管理主要包括以下几个方面：

1. 并购前的财务尽职调查：企业在进行跨国并购前，需要进行全面的财务尽职调查，了解并购目标的财务状况、经营情况和风险。企业需要通过财务尽职调查，评估并购的可行性和潜在收益，制定科学的并购决策。

2. 并购后的财务整合：并购完成后，企业需要进行系统的财务整合，包括财务报表的合并、财务制度的统一和财务流程的优化。企业需要通过财务整合，实现并购双方的财务协同效应，提高经营效率和财务效益。

3. 跨国税务管理：跨国并购涉及多个国家的税务问题，企业需要进行系统的税务管理，确保税务合规和税务优化。企业需要了解并购目标所在国家的税收政策和法规，制定相应的税务策略，降低税务成本，提高财务效益。

4. 风险管理：跨国并购面临较高的风险，企业需要进行系统的风险管理，识别和评估并购过程中的各种风险，制定相应的应对策略。企业需要建立健全的风险管理制度，加强风险监控和控制，提高并购整合的成功率。

通过科学的财务管理，企业可以实现跨国并购与整合的顺利进行，提高经营效率和财务效益，增强市场竞争力和国际影响力。

现代财务管理技术与方法在企业管理中发挥着至关重要的作用。信息化管理通过财务软件和ERP系统的应用，提高了财务管理的效率和效果。大数据和人工智能技术在财务决策中的应用，提升了财务数据的分析和决策支持能力。财务风险管理工具与策略帮助企业有效识别和控制财务风险，提高财务管理的稳定性和可预测性。跨国财务管理应对了全球化背景下的特殊挑战，通过科学的税务筹划、汇率风险管理、国际财务报告标准的遵循和跨国并购与整合的财务管理，提升了企业的市场竞争力和国际影响力[①]。未来随着技术的不断进步和应用的深化，现代财务管理技术与方法将继续为企业提供新的机遇和挑战，推动企业实现可持续发展。

❖ 第四节　实践中的财务管理案例分析

一、企业并购中的财务管理策略

（一）并购前的财务尽职调查

并购前的财务尽职调查是并购过程中的重要步骤，旨在全面了解并购目标的财务状况、经营情况和潜在风险。通过财务尽职调查，企业可以评估并购的可行性和潜在收益，制定科学的并购决策。尽职调查包括以下几个方面：

1. 财务报表分析：对目标企业的历史财务报表进行详细分析，包括资产负债表、利润表和现金流量表，了解其财务健康状况和盈利能力。

2. 资产评估：评估目标企业的资产，包括固定资产、无形资产和流动资产，确定其真实价值。

3. 负债与承诺：识别目标企业的负债和潜在承诺，评估其对并购后的财务影响。

4. 盈利预测：根据历史数据和市场前景，预测目标企业的未来盈利能力，评估并购的财务回报。

5. 税务合规性：检查目标企业的税务记录，确保其税务合规，避免未来的税务风险。

通过财务尽职调查，企业能够全面了解并购目标的财务状况、资产价值、负债和承诺、未来盈利能力以及税务合规性。这一过程帮助企业识别潜在风险，评

[①] 陈文才. 分析医院内部审计和医院会计工作的关系 [J]. 现代经济信息, 2019（9）：1.

估并购的可行性与收益，从而制定科学的并购决策，确保并购后的成功与稳定。

（二）并购资金的筹集与融资

并购资金的筹集与融资是确保并购成功的重要环节。企业可以通过多种方式筹集并购资金，包括内部资金、债务融资和股权融资等。具体策略包括：

1. 内部资金：利用企业的自有资金进行并购，减少外部融资成本和风险。

2. 债务融资：通过发行债券或银行贷款等方式筹集并购资金，利用杠杆效应提高财务回报。但需要注意控制债务比例，避免过高的财务风险。

3. 股权融资：通过发行新股或私募股权等方式筹集资金，虽然会稀释现有股东的权益，但可以减少财务压力。

4. 混合融资：结合债务和股权融资的优点，采用混合融资方式，优化资金结构。

通过多元化的筹资策略，企业能够为并购提供充足的资金支持。内部资金、债务融资、股权融资以及混合融资各具优势，应根据企业的财务状况和并购目标的特性灵活运用。合理的资金筹集与融资策略不仅能有效降低融资成本与风险，还能优化资本结构，为并购后的整合与发展奠定坚实基础。

（三）并购后的财务整合

并购后的财务整合是实现并购协同效应的关键。财务整合需要系统地进行，确保并购双方的财务系统和流程顺利融合，提高整体经营效率。主要策略包括：

1. 财务系统统一：整合并购双方的财务系统，确保财务数据的统一和一致，提升数据处理效率和准确性。

2. 财务流程优化：重新设计和优化财务流程，消除冗余和重复，提高工作效率。

3. 成本控制：通过整合采购、生产和销售等环节，降低运营成本，实现成本协同效应。

4. 内部控制与审计：加强内部控制和审计，确保财务管理的透明度和合规性，减少财务风险。

通过系统的财务整合，企业能够有效实现并购后的协同效应。统一财务系统、优化财务流程、强化成本控制及加强内部控制与审计，能够提升整体运营效率，降低成本并确保财务管理的透明度与合规性。这些措施为企业并购后的平稳过渡和持续增长奠定了坚实的基础。

（四）并购后的绩效评估与管理

并购后的绩效评估与管理是确保并购目标实现的重要环节。企业需要建立科学的绩效评估体系，定期监控并购后的财务和经营表现，及时发现和解决问题。主要措施包括：

1. 绩效指标设定：根据并购目标设定关键绩效指标（KPI），如收入增长率、成本节约率和投资回报率等，衡量并购后的财务和经营表现。

2. 定期评估：定期对并购后的财务和经营表现进行评估，发现问题并及时采取改进措施，确保并购目标的实现。

3. 沟通与协调：加强并购双方的沟通与协调，解决整合过程中出现的问题，促进文化融合和团队合作。

4. 持续改进：通过持续的绩效评估和改进，不断优化并购后的财务管理，提高整体经营效益。

通过科学的绩效评估与管理，企业能够确保并购目标的实现。设定关键绩效指标、定期评估财务和经营表现、加强沟通与协调以及持续改进，是保障并购后整合效果的关键措施。通过这些手段，企业可以及时发现并解决问题，优化资源配置，实现并购的长期价值和协同效应。

二、IPO 过程中的财务管理要点

（一）财务报表的准备与审计

财务报表的准备与审计是 IPO 过程中的关键环节，直接影响企业的上市成败。企业需要按照相关法规和会计准则，编制和披露真实、准确的财务报表，并通过独立审计机构进行审计。主要步骤包括：

1. 财务报表编制：按照国际财务报告准则（IFRS）或当地会计准则，编制历史财务报表和未来财务预测，确保数据的真实性和完整性。

2. 财务审计：聘请独立审计机构对财务报表进行审计，确保财务数据的准确性和可靠性。审计过程中，企业需配合审计机构提供相关资料和信息。

3. 财务信息披露：按照证券监管部门的要求，全面披露财务信息，包括资产负债表、利润表、现金流量表及财务附注等，确保信息透明，增加投资者信任[①]。

通过严格的财务报表编制、独立审计和信息披露，企业在 IPO 过程中可以确保财务数据的真实性和透明度。这不仅符合相关法规和会计准则的要求，也增强了投资者的信任，为企业成功上市奠定了坚实基础。高质量的财务报表和审计报告是企业获取资本市场认可的重要保障，有助于提高企业在资本市场的竞争力。

（二）财务内部控制与风险管理

在 IPO 过程中，企业需要建立健全的财务内部控制和风险管理体系，确保财务管理的合规性和有效性。主要措施包括：

1. 内部控制制度：建立完善的内部控制制度，包括审批权限、财务监控、风险评估等，确保财务操作的合规和安全。

2. 风险管理体系：识别和评估 IPO 过程中可能面临的财务风险，如市场风险、信用风险和操作风险，制定相应的风险应对策略。

3. 合规管理：确保企业遵循相关法律法规和会计准则，避免因财务违规导致的法律风险和声誉损失。

4. 内部审计：建立内部审计部门，定期检查财务管理的执行情况，发现问题并提出改进建议，提高财务管理水平。

通过建立健全的财务内部控制和风险管理体系，企业在 IPO 过程中可以有效保障财务管理的合规性和安全性。完善的内部控制制度、科学的风险管理、严格的合规管理以及定期的内部审计，有助于企业识别和应对潜在风险，确保 IPO 顺

---

① 张军，魏延磊. 国有企业财务管理与内部审计存在的关联性分析［J］. 中国国际财经（中英文），2018（3）：109-109.

利进行。这些措施不仅提升了企业的管理水平，也增强了市场和投资者对企业的信心，推动企业成功上市并实现可持续发展。

（三）资金使用计划与投资者沟通

资金使用计划和投资者沟通是IPO过程中的重要环节，直接影响投资者的信心和企业的融资效果。企业需要制定详细的资金使用计划，并与潜在投资者进行充分沟通。主要策略包括：

1. 资金使用计划：根据企业的发展战略和资金需求，制定详细的资金使用计划，明确资金的用途和预期效果，确保资金使用的透明度和合理性。

2. 投资者沟通：通过路演、投资者会议和公开披露等方式，与潜在投资者进行充分沟通，介绍企业的业务模式、财务状况和发展前景，增加投资者信心。

3. 信息透明度：及时、准确地披露财务信息和重大事项，确保信息透明，增强投资者的信任和支持。

4. 投资者关系管理：建立长期的投资者关系管理机制，定期与投资者沟通，解答其关心的问题，维护良好的投资者关系。

通过制定详尽的资金使用计划和积极的投资者沟通策略，企业在IPO过程中可以有效提升投资者的信心并优化融资效果。明确的资金使用计划确保资金的合理和透明使用，增强投资者对企业战略的认可。充分的投资者沟通、信息透明度以及长期的投资者关系管理，有助于建立和维护良好的投资者信任，为企业的成功上市和可持续发展奠定坚实基础。

（四）财务预测与估值

财务预测与估值是IPO过程中的重要环节，直接影响企业的发行价格和融资规模。企业需要根据自身的业务特点和市场环境，进行科学的财务预测和估值。主要步骤包括：

1. 财务预测：根据企业的发展战略和市场前景，进行详细的财务预测，包括收入、成本、利润和现金流等，确保预测数据的合理性和可靠性。

2. 估值方法选择：选择适合企业的估值方法，如市盈率法、现金流折现法和市场比较法等，进行科学的估值，确定合理的发行价格。

3. 市场分析：分析市场环境和竞争对手的情况，评估市场对企业估值的影响，确保估值的市场认可度。

4. 专业顾问支持：聘请专业的财务顾问和投行团队，提供专业的财务预测和估值支持，确保IPO过程的顺利进行。

通过科学的财务预测与估值，企业可以合理确定发行价格和融资规模，确保IPO的成功。

三、企业财务危机的预警与管理

（一）财务危机的识别与预警

财务危机的识别与预警是企业财务管理的重要内容，通过系统的财务分析和监控，企业可以及时发现潜在的财务危机，采取有效的预防措施。主要方法包括：

1. 财务指标分析：通过分析财务报表中的关键指标，如流动比率、速动比率、资产负债率和现金流量等，识别企业的财务健康状况，发现潜在的财务危机。

2. 趋势分析：对比历史财务数据，分析财务指标的变化趋势，识别财务状况的异常变化，进行危机预警。

3. 现金流监控：通过监控企业的现金流状况，识别潜在的资金链断裂风险，及时采取措施，确保资金的流动性和安全性。

4. 风险评估：进行全面的风险评估，识别和评估企业面临的各种财务风险，如市场风险、信用风险和操作风险，制定相应的应对策略。

通过系统的财务分析和监控，企业可以有效识别和预警潜在的财务危机。财务指标分析、趋势分析、现金流监控和风险评估是关键方法。这些措施帮助企业及时发现财务状况中的异常变化和潜在风险，提前采取预防措施，避免危机的发生。有效的财务危机识别与预警，不仅能够保障企业的财务健康，还能提升企业的持续经营能力和市场竞争力。

(二) 财务危机的管理与应对策略

财务危机的管理与应对策略是确保企业财务稳定的重要手段，通过科学的管理和应对，企业可以有效化解财务危机，恢复财务健康。主要措施包括：

1. **紧急融资**：在财务危机发生时，企业可以通过紧急融资，如银行贷款、发行债券和股权融资等，解决短期资金需求，缓解资金压力。

2. **成本控制**：通过加强成本控制，减少不必要的开支，提高资源利用效率，降低运营成本，缓解财务压力。

3. **资产重组**：通过资产重组，如出售非核心资产、重组债务和优化资产结构等，改善财务状况，提高资产流动性和盈利能力。

4. **业务调整**：通过调整业务结构，优化产品和市场组合，提高业务的盈利能力和市场竞争力，恢复财务健康。

5. **风险转移**：通过保险、合同和金融衍生工具等方式，将部分财务风险转移给第三方，降低财务危机的影响。

通过科学的管理和应对策略，企业可以有效化解财务危机，恢复财务稳定。紧急融资、成本控制、资产重组、业务调整和风险转移等措施相结合，不仅能够缓解短期资金压力，还能优化财务结构，提升企业的长期盈利能力和市场竞争力。这些策略为企业在面对财务危机时提供了多元化的解决方案，有助于实现财务健康和可持续发展。

(三) 财务危机的恢复与重建

财务危机的恢复与重建是企业摆脱财务困境，实现可持续发展的重要环节。企业需要制定科学的恢复和重建计划，逐步恢复财务健康。主要步骤包括：

1. **财务重组计划**：制定详细的财务重组计划，包括债务重组、资产重组和股权重组等，改善财务状况，恢复财务健康。

2. **业务重建计划**：制定业务重建计划，优化业务结构和市场策略，提高业务的盈利能力和市场竞争力，恢复企业的经营活力。

3. **管理改进计划**：通过改进管理机制和管理流程，提高企业的管理水平和效率，确保财务管理的科学性和有效性。

4. 战略调整：根据市场环境和企业自身情况，调整发展战略，制定科学的发展规划，实现企业的可持续发展。

通过科学的恢复与重建，企业可以摆脱财务困境，恢复财务健康，实现长期稳健发展。

（四）财务危机的预防与改进

财务危机的预防与改进是企业财务管理的重要内容，通过建立健全的财务预警和管理机制，企业可以有效预防财务危机的发生，提高财务管理的水平和效果。主要措施包括：

1. 财务预警机制：建立健全的财务预警机制，通过定期财务分析和监控，及时发现潜在的财务风险，采取有效的预防措施。

2. 内部控制与审计：加强内部控制与审计，确保财务操作的合规和安全，提高财务管理的透明度和可靠性。

3. 风险管理体系：建立系统的风险管理体系，识别和评估企业面临的各种财务风险，制定相应的风险应对策略，提高风险管理的效果。

4. 管理改进与创新：通过不断改进和创新管理机制，提高企业的管理水平和效率，确保财务管理的科学性和有效性。

通过科学的预防与改进，企业可以有效预防财务危机的发生，提高财务管理的水平和效果，确保企业的长期稳健发展。

四、绿色财务管理与可持续发展

（一）绿色金融的概念与实践

绿色金融是通过金融手段支持环境保护和可持续发展的重要活动，其主要目的是引导资金流向环保项目和可持续发展领域，促进经济与环境的协调发展。绿色金融的主要实践包括绿色信贷、绿色债券、绿色投资基金和环境责任保险。绿色信贷由银行和金融机构提供，支持环保和可持续发展项目，通常伴随低利率贷款和优惠融资条件，以鼓励企业进行环保投资；绿色债券则是企业通过发行债券筹集资金用于环保项目，因其高市场认可度而受到监管机构和投资者的关注；绿色投资基金由金融机构设立，专门投资于环保和可持续发展项目，提供长期资金支持，推动绿色产业的发展；环境责任保险则帮助企业通过保险方式转移和管理环境风险，提高其履行环境责任的能力。通过这些实践，绿色金融有效促进了环境保护与经济发展的平衡。

（二）环境会计与可持续发展报告

环境会计是指将环境成本和环境绩效纳入企业的会计核算体系，提供全面的环境财务信息，支持企业的环境管理和决策。环境会计的主要内容包括：

1. 环境成本核算：企业通过环境成本核算，识别和计量环境保护相关的成本，包括污染治理成本、资源消耗成本和环境风险成本等，提高环境成本的透明度。

2. 环境绩效评估：企业通过环境绩效评估，衡量和报告环境管理的效果，包括资源利用效率、污染排放控制和环境风险管理等，提高环境绩效的可比性。

3. 环境财务报告：企业通过环境财务报告，全面披露环境成本和环境绩效，提高环境信息的透明度，增强利益相关者的信任和支持。

可持续发展报告是企业向社会披露其在经济、环境和社会领域的可持续发展表现的重要工具。主要内容包括：

1. 经济绩效：企业在可持续发展报告中披露其经济绩效，包括财务状况、经营成果和市场表现等，展示其经济贡献和市场竞争力。

2. 环境绩效：企业在可持续发展报告中披露其环境绩效，包括资源消耗、污染排放、环境保护措施和环境风险管理等，展示其环境责任和环保贡献。

3. 社会绩效：企业在可持续发展报告中披露其社会绩效，包括员工权益、社区发展、社会公益和供应链管理等，展示其社会责任和社会贡献。

通过实施环境会计和发布可持续发展报告，企业能够全面整合经济、环境和社会绩效，提升其在可持续发展领域的透明度和责任感。环境会计有助于企业识别环境成本、评估环境绩效，并通过环境财务报告增强利益相关者的信任。而可持续发展报告则进一步展示企业在经济、环境和社会方面的综合贡献，强化企业的社会责任形象，支持其长期发展与市场竞争力的提升。这些举措不仅提升了企业的可持续发展水平，也增强了其在社会和市场中的信任和支持。

（三）绿色财务管理的策略与实践

绿色财务管理是企业在财务管理中融入环境保护和可持续发展理念，通过科学的财务管理策略和实践，实现经济效益和环境效益的双赢。主要策略包括：

1. 绿色投资：企业通过绿色投资，支持环保项目和可持续发展项目，提高环境效益和经济效益。例如，企业可以投资于可再生能源项目、节能减排项目和环保技术创新项目，推动绿色产业的发展。

2. 绿色采购：企业通过绿色采购，选择环保产品和服务，减少环境影响，提高供应链的可持续性。例如企业可以采购绿色材料和设备，采用环保包装和运输方式，降低碳足迹和环境污染。

3. 绿色融资：企业通过绿色融资，筹集资金支持环保项目和可持续发展项目，提高财务效益和环境效益。例如企业可以通过发行绿色债券、申请绿色信贷和设立绿色基金等方式，获得绿色金融支持。

4. 环境绩效考核：企业通过环境绩效考核，将环境绩效纳入管理层和员工的绩效考核体系，激励全员参与环境管理，提高环境绩效。例如企业可以设定环境绩效指标，如资源利用效率、污染排放控制和环境风险管理等，进行定期考核和奖励。

绿色财务管理通过将环境保护和可持续发展理念融入企业的财务策略，实现了经济效益与环境效益的双赢。绿色投资、绿色采购、绿色融资以及环境绩效考核等策略，推动了企业在环保项目、供应链管理和融资方式上的创新与优化。这不仅提高了企业的环境绩效，还增强了其长期市场竞争力和社会责任感。绿色财务管理为企业可持续发展提供了坚实的财务基础，促进了生态与经济的协调发展。

（四）绿色财务管理的前景与挑战

绿色财务管理的前景广阔，将成为未来企业财务管理的重要发展方向。主要前景包括：

1. 政策支持：各国政府和国际组织不断出台政策和法规，支持绿色金融和绿色财务管理的发展，提供政策引导和激励，推动企业加大环保投资和可持续发展。

2. 市场需求：随着环保意识的增强和可持续发展理念的普及，市场对绿色产品和服务的需求不断增加，企业通过绿色财务管理可以满足市场需求，提升市场竞争力和品牌价值。

3. 技术创新：环境技术和绿色金融技术的不断创新，为企业实施绿色财务管理提供了有力支持。企业可以通过技术创新，提高环境管理水平和绿色财务管理效果，实现经济效益和环境效益的双赢。

绿色财务管理也面临一些挑战：

1. 成本压力：绿色财务管理需要企业投入大量资源进行环保投资和环境管理，可能增加企业的运营成本和财务压力。

2. 信息不对称：绿色财务管理需要全面、准确的环境信息支持，但企业在环境信息的收集、处理和披露方面可能存在信息不对称，影响绿色财务管理的效果。

3. 市场风险：绿色财务管理涉及的环保项目和可持续发展项目，可能面临较高的市场风险和技术风险，企业需要进行科学的风险评估和管理，确保项目的可行性和可持续性。

通过不断创新和改进，企业可以有效应对绿色财务管理的挑战，充分发挥绿色财务管理的优势，实现经济效益和环境效益的双赢，推动企业的可持续发展。

现代财务管理技术与方法在企业管理中发挥着至关重要的作用。企业并购中的财务管理策略确保了并购的顺利进行和财务效益的实现。IPO过程中的财务管理要点是帮助企业顺利上市，提升市场竞争力。企业财务危机的预警与管理确保企业财务稳定和可持续发展。绿色财务管理与可持续发展促进了企业的环境责任和社会责任，提高了企业的市场竞争力和品牌价值。未来，企业需要不断创新和改进财务管理技术与方法，充分发挥财务管理的优势，实现经济效益和可持续发展的双赢。

第二章 内部审计的基本概念与框架体系

❖ 第一节 内部审计的定义与目标

内部审计是组织内部的一项独立评价活动，旨在通过系统的方法评估和改进风险管理、控制及治理过程的有效性，从而提升组织的整体价值。其核心在于通过独立、客观的检查和评估，帮助组织实现其目标。内部审计不仅局限于财务领域，还涵盖运营、合规性和战略目标的实现等方面。内部审计的主要目标包括提升组织价值、识别和评估各种风险、改进内部控制环境、优化公司治理流程、提升运营效率以及确保合规性。通过独立的审计活动，内部审计能够对组织的风险管理和控制系统提供可靠的保证，并向管理层提出切实可行的改进建议。内部审计在提供咨询服务方面也扮演着重要角色，帮助组织优化管理流程和控制措施。

内部审计的范围非常广泛，涵盖了组织运作的各个方面，如财务审计、运营审计、合规审计、信息系统审计以及战略审计等。财务审计主要审查财务报表的准确性和可靠性，确保财务报告的真实性和公允性；运营审计则关注组织的业务流程和操作活动，评估其效率和效果；合规审计确保组织的各项活动符合相关法律法规和内部政策；信息系统审计评估信息系统的安全性、可靠性和效率，确保数据的完整性和保密性；战略审计则评估组织的战略计划和实施效果，确保战略目标的实现。

通过上述多方面的审计活动，内部审计能够全面、系统地评估组织的运营状况和管理效能，找出不足之处并提出改进建议，从而帮助组织更有效地实现其目标，提升整体运营效率和管理水平。在现代组织中，内部审计作为风险管理和内部控制的重要组成部分，已经成为确保组织健康、持续发展的关键力量。通过其独立性和专业性，内部审计能够为董事会和高层管理者提供重要的决策支持，保障股东和利益相关者的权益，推动组织朝着更加稳健、合规、高效的方向发展。

一、内部审计的起源与发展

(一) 内部审计的历史渊源

内部审计的历史渊源可以追溯到古代文明,早在古埃及、古希腊和古罗马时期,就有类似内部审计的活动。在这些古代文明中,政府和宗教机构为了防止腐败和确保财务记录的准确性,设立了专门的人员来检查和核对财务账目。这些早期的审计活动主要集中在财务审计方面,目的是确保税收和公共资金的使用符合规定。

中世纪时期,随着商人阶层的兴起和商业活动的增多,内部审计的概念逐渐扩展到私人企业。商人们为了保护自己的财产和确保业务的正常运行,开始雇佣专业的审计人员来核查账目和业务流程[1]。这些审计人员不仅检查财务记录,还监督商品的流动和库存管理,以防止欺诈和浪费。

(二) 内部审计的发展历程

内部审计作为一项独立的专业活动,真正得到发展是在 20 世纪初期。随着工业革命的推进和大规模企业的兴起,企业内部管理的复杂性大大增加,传统的管理方式已不能满足需求。1912 年,美国电气公司(General Electric)首次设立了独立的内部审计部门,这是现代内部审计的雏形。

1930 年代大萧条时期,美国企业面临严重的经济危机,许多公司破产倒闭。在这段时间里,企业管理层逐渐认识到有效的内部控制和审计对于防范风险、保护资产和提高运营效率的重要性。内部审计逐渐成为企业管理的重要组成部分。

1941 年,美国内部审计师协会(Institute of Internal Auditors,IIA)成立,标志着内部审计职业化的开始。IIA 为内部审计师制定了职业道德规范和工作指南,并提供专业培训和认证。此后,内部审计的理论和实践得到了迅速发展和广泛推广。

---

[1] 黄文珍. 内部审计在集团财务管理中的作用 [J]. 现代营销:上,2022 (7):79-81.

（三）内部审计的现代演变

进入 21 世纪，全球化、信息技术的发展和法规的日益严格，使得内部审计的角色和职责不断扩展和深化。现代内部审计不仅关注财务审计，还包括对运营、合规、信息系统和战略管理的审计。随着企业风险管理意识的增强，内部审计在风险评估和管理方面发挥着越来越重要的作用。内部审计师通过识别和评估企业面临的各类风险，帮助企业制定和实施有效的风险管理策略。内部审计还关注企业治理结构的健全性和有效性，确保公司治理符合最佳实践和法规要求。

信息技术的快速发展对内部审计提出了新的挑战和机遇。现代企业大量依赖信息系统进行运营和管理，内部审计需要具备信息技术审计的能力，评估信息系统的安全性、可靠性和合规性。

（四）内部审计的重要里程碑

内部审计的发展过程中，有几个重要的里程碑事件对其理论和实践产生了深远影响。萨班斯-奥克斯利法案（Sarbanes-Oxley Act, SOX）的颁布。2002 年，SOX 法案在美国通过，要求上市公司加强内部控制和财务报告的透明度。该法案极大地推动了内部审计的发展，内部审计在公司治理中的地位进一步提升。

《国际内部审计专业实践框架》（International Professional Practices Framework, IPPF）的发布。IPPF 由 IIA 制定，提供了全球统一的内部审计标准和指南，促进了内部审计职业的全球化和标准化。

COSO 框架的引入。COSO（Committee of Sponsoring Organizations of the Treadway Commission）框架为企业内部控制和风险管理提供了系统的指导，内部审计在评估和改进企业内部控制方面发挥了关键作用。

内部审计的起源和发展经历了从古代的简单账目检查到现代全面的风险管理和治理评估的演变。随着企业环境的不断变化，内部审计的理论和实践也在不断创新和完善，成为企业管理中不可或缺的重要组成部分。

二、内部审计的定义与职能

(一) 内部审计的基本定义

内部审计是指在组织内部进行的一种独立、客观的确认和咨询活动，旨在增加组织价值并改进其运作。通过系统化、规范化的方法，内部审计帮助组织评估和改进风险管理、控制及治理过程的有效性。内部审计不仅关注财务报表的准确性和可靠性，还包括对业务流程、运营效率、合规性和战略目标实现的全面审查和评估。

内部审计的独立性和客观性是其核心特点。独立性指内部审计部门在组织中应保持独立于日常管理活动，直接向董事会或审计委员会报告，以确保其工作不受管理层干扰。客观性则要求内部审计师在进行审计活动时应保持公正，不受个人或外界因素的影响。

(二) 内部审计的主要职能

内部审计的职能可以归纳为以下几个方面：

1. 评价和改进内部控制：内部审计通过系统化的方法，评估组织内部控制的设计和运行有效性，识别控制缺陷和风险，并提出改进建议，以确保内部控制能够有效预防和检测错误或欺诈行为。

2. 风险管理：内部审计帮助组织识别和评估各种风险，包括财务风险、运营风险、战略风险等，并提出相应的管理措施，以降低风险水平，提高组织的风险应对能力。

3. 合规性审计：内部审计评估组织的各项活动是否符合相关法律法规、内部政策和程序，确保组织在运营过程中遵守合规要求，避免因违规而导致的法律和财务风险。

4. 运营效率审计：内部审计审查和评估组织的业务流程和操作活动，提出改进建议，以提高运营效率和效果，降低运营成本，增加组织价值。

5. 信息系统审计：随着信息技术的发展，内部审计对信息系统的审查和评估变得越来越重要。内部审计评估信息系统的安全性、可靠性和效率，确保数据的完整性和保密性。

6. 战略管理审计：内部审计评估组织的战略计划和实施效果，确保战略目标的实现，帮助组织在快速变化的市场环境中保持竞争力。

通过多元化的职能，内部审计在确保组织稳健运营中发挥着至关重要的作用。它不仅评估和改进内部控制，还积极参与风险管理、合规性审计、运营效率审计和信息系统审计，以确保组织的各项活动符合规定并具备高效性。内部审计还支持战略管理审计，帮助企业实现其长期战略目标。

（三）内部审计的范围和内容

内部审计的范围非常广泛，涵盖了组织运作的各个方面。具体内容如表2-1所示。

表2-1 内部审计的范围

审计类型	审计内容描述
财务审计	对财务报表的准确性和可靠性进行审查，确保财务报告的真实性和公允性，评估财务管理的健全性和有效性。
运营审计	对业务流程和操作活动进行审查，评估其效率和效果，提出改进建议，以提高组织的运营绩效。
合规审计	确保组织的各项活动符合相关法律法规和内部政策，避免因违规而导致的法律和财务风险。
信息系统审计	评估信息系统的安全性、可靠性和效率，确保数据的完整性和保密性，防范信息系统的风险。
战略管理审计	评估组织的战略计划和实施效果，确保战略目标的实现，帮助组织在快速变化的市场环境中保持竞争力。

（四）内部审计的作用和价值

内部审计在组织中的作用和价值体现在多个方面：

1. 风险管理：内部审计通过识别和评估各种风险，帮助组织制定和实施有效的风险管理策略，降低风险水平，提高组织的风险应对能力。

2. 内部控制改进：内部审计通过评估内部控制的设计和运行有效性，识别控制缺陷和风险，提出改进建议，以确保内部控制能够有效预防和检测错误或欺诈行为。

3. 合规性保障：内部审计通过合规性审查，确保组织在运营过程中遵守相关法律法规和内部政策，避免因违规而导致的法律和财务风险。

4. 运营效率提升：内部审计通过审查和评估业务流程和操作活动，提出改进建议，以提高运营效率和效果，降低运营成本，增加组织价值。

5. 战略目标实现：内部审计通过评估组织的战略计划和实施效果，确保战略目标的实现，帮助组织在快速变化的市场环境中保持竞争力。

6. 治理优化：内部审计通过评估公司治理结构的健全性和有效性，确保公司治理符合最佳实践和法规要求，保障股东和利益相关者的权益。

内部审计作为一种独立、客观的确认和咨询活动，通过系统化、规范化的方法，帮助组织评估和改进风险管理、控制及治理过程的有效性，提升组织的整体价值和运营效率。

三、内部审计的目标与原则

（一）内部审计的核心目标

内部审计的核心目标是通过独立、客观的评价和咨询活动，帮助组织实现以下几个方面的目标：

1. 提升组织价值：内部审计通过识别和评估风险、改进内部控制、提高运营效率，帮助组织提升整体价值。

2. 风险管理：识别并评估各种风险，包括财务风险、运营风险、战略风险等，提出改进建议以降低风险水平，提高组织的风险应对能力。

3. 内部控制的健全性和有效性：评估内部控制的设计和运行有效性，确保内部控制措施能够有效预防和检测错误或欺诈行为。

4. 合规性保障：确保组织的各项活动符合相关法律法规和内部政策，避免因违规而导致的法律和财务风险。

5. 运营效率提升：通过审查和评估业务流程和操作活动，提出改进建议，以提高运营效率和效果，降低运营成本，增加组织价值。

6. 战略目标实现：评估组织的战略计划和实施效果，确保战略目标的实现，帮助组织在快速变化的市场环境中保持竞争力。

内部审计通过独立、客观的评价和咨询活动，有效支持组织实现其核心目标。它不仅提升了组织的整体价值，还在风险管理、内部控制、合规性保障和运营效率提升方面发挥了重要作用。通过审计活动，内部审计帮助企业识别并应对各种风险，确保战略目标的顺利实现。在快速变化的市场环境中，内部审计为企业提供了关键的监督与支持，确保组织的长期稳定与可持续发展。

（二）内部审计的基本原则

内部审计的基本原则包括以下几个方面：

1. 独立性和客观性：内部审计部门应保持独立于日常管理活动，直接向董事会或审计委员会报告，确保其工作不受管理层干扰。内部审计师在进行审计活动时应保持公正，不受个人或外界因素的影响。

2. 系统性和规范性：内部审计应采用系统化、规范化的方法，对组织的各项活动进行全面、深入的审查和评估，确保审计工作的质量和效果。

3. 风险导向：内部审计应以风险为导向，重点关注对组织运营和战略目标实现有重大影响的风险，确保审计资源的有效配置。

4. 增值性：内部审计应通过独立、客观的评价和咨询活动，帮助组织识别和解决问题，改进管理和运营，提高组织的整体价值。

5. 持续改进：内部审计应不断总结经验、改进方法，保持专业知识和技能的持续更新和提高，确保审计工作的高效和高质量。

内部审计的基本原则为其高效、有效地支持组织目标的实现提供了坚实的基础。独立性和客观性确保了内部审计工作的公正性和可信度，系统性和规范性保障了审计的全面性和深入性。风险导向使得审计资源得到最优配置，增值性原则则强调了内部审计在提升组织价值方面的重要作用。持续改进保证了审计团队的专业性和方法的先进性。这些原则共同推动了内部审计在支持企业战略实现、风险管理和运营优化中的关键作用。

(三) 内部审计目标的实现途径

内部审计目标的实现途径主要包括以下几个方面，如表 2-2 所示。

表 2-2　内部审计目标的实现途径

审计工作内容	描述
审计计划和策略	制定科学、合理的审计计划和策略，明确审计目标和重点，确保审计工作的有效性和针对性。
风险评估和控制测试	通过风险评估，识别和评估组织面临的各类风险，并对关键控制点进行测试，确保内部控制的健全性和有效性。
审计程序和方法	采用系统化、规范化的审计程序和方法，对组织的各项活动进行全面、深入的审查和评估，确保审计工作的质量和效果。
沟通和报告	与管理层和被审计部门保持良好的沟通，及时反馈审计发现和建议，并通过正式的审计报告，向董事会或审计委员会报告审计结果。
改进和跟踪	对审计发现的问题和改进建议进行跟踪，确保问题得到及时解决，改进措施得到有效落实，提高审计工作的实际效果。

(四) 内部审计原则的应用实践

内部审计原则的应用实践包括以下几个方面：

1. 独立性和客观性的应用：在组织内部建立独立的审计部门，确保审计工作不受管理层的干扰，审计人员在执行审计任务时保持公正、客观，不受个人或外界因素的影响。

2. 系统性和规范性的应用：制定并实施系统化、规范化的审计程序和方法，对组织的各项活动进行全面、深入的审查和评估，确保审计工作的质量和效果。

3. 风险导向的应用：在审计工作中以风险为导向，重点关注对组织运营和战略目标实现有重大影响的风险，确保审计资源的有效配置，提高审计工作的针对性和有效性。

4. 增值性的应用：通过独立、客观的评价和咨询活动，帮助组织识别和解决问题，改进管理和运营，提高组织的整体价值。

5. 持续改进的应用：在审计工作中不断总结经验、改进方法，保持专业知识和技能的持续更新和提高，确保审计工作的高效和高质量。

内部审计通过独立、客观的评价和咨询活动，帮助组织实现风险管理、内部控制、合规性保障、运营效率提升和战略目标实现的核心目标。内部审计的基本原则在审计工作中的应用实践，确保了审计工作的质量和效果，为组织的持续健康发展提供了有力支持。

四、内部审计与外部审计的关系

（一）内部审计与外部审计的区别

内部审计和外部审计是两种性质不同的审计活动，其主要区别体现在以下几个方面。内部审计由组织内部设立的独立审计部门或人员执行，直接向董事会或审计委员会报告；而外部审计则由独立于组织的外部审计机构或注册会计师执行，向股东和监管机构报告。内部审计的主要目的是帮助组织改进管理和运营，提升整体价值；外部审计的主要目的是对组织的财务报表进行独立审查，提供公正、客观的审计意见，以确保财务报告的真实性和公允性。

内部审计的范围广泛，涵盖财务、运营、合规、信息系统和战略管理等多个方面；而外部审计主要集中于财务报表审计，通过检查财务数据和记录，评价财务报表的准确性和可靠性。内部审计注重采用系统化、规范化的方法，重点关注风险评估和内部控制的有效性；外部审计则主要通过抽样检查和审计程序，对财务报表的真实性和公允性进行独立验证。

（二）内部审计与外部审计的联系

尽管内部审计和外部审计在审计主体、目的、范围和方法上有所不同，但两者之间有着紧密的联系。内部审计和外部审计的最终目标都是保护股东和利益相关者的权益，提升组织的透明度和公信力。内部审计通过改进管理和运营，促进组织的持续健康发展；外部审计则通过提供公正、客观的审计意见，增强财务报表的可信度。内部审计和外部审计在审计过程中可以共享信息，内部审计的成果为外部审计提供参考，外部审计的意见也能为内部审计提供指导。双方可以在审计计划、风险评估、控制测试、审计发现等方面进行协同合作，通过紧密合作，避免重复工作，提高审计效率，节约资源和降低成本。

❖ 第二节 内部审计的框架与标准

内部审计的框架与标准是确保内部审计活动有效性和规范性的基石。内部审计框架通常包括内部审计的使命、定义、原则、标准、指南和程序。其主要目的是通过系统化、规范化的审计方法，帮助组织实现目标，改进运营效率和效果。内部审计的标准由国际内部审计师协会（IIA）制定，主要包括《国际内部审计专业实践框架》（IPPF）、《内部审计实务标准》（Standards）、《职业道德规范》（Code of Ethics）和《实施指南》（Implementation Guidance）。IPPF 为全球内部审计提供了统一的理论基础和实践指南，包括使命宣言、核心原则、定义、标准和指南。

《内部审计实务标准》规定了内部审计工作的基本要求，包括属性标准、执行标准和实施指南，确保内部审计活动的独立性、客观性和系统性。《职业道德规范》强调内部审计师在工作中应遵循的伦理准则，如诚信、客观、公正、保密和能力。《实施指南》提供了具体的审计方法和程序，帮助内部审计师在实际工作中有效应用标准。

内部审计框架还包括风险导向审计、内部控制评估和治理过程评估等内容，确保内部审计活动能够全面覆盖组织的各个方面，识别和评估风险，提出改进建议。内部审计框架还要求内部审计师持续学习和发展，保持专业知识和技能的更新，以应对不断变化的商业环境和审计需求。通过遵循这些框架和标准，内部审计能够为组织提供独立、客观的评价和咨询服务，帮助组织实现风险管理、控制和治理目标，提升整体价值和运营效率。总的来说，内部审计的框架与标准为审计活动提供了理论基础和实践指南，确保了内部审计的独立性、客观性和系统性，为组织的健康、可持续发展提供有力支持。

一、国际内部审计标准概述

（一）国际内部审计标准的背景与发展

国际内部审计标准的背景与发展是理解内部审计职业演变的关键。在 20 世纪初期，随着企业规模的扩大和商业活动的复杂化，传统的财务审计已不足以满足企业管理和控制的需求。20世纪40年代，美国成立了内部审计师协会(IIA)，标志着内部审计作为独立专业的确立。IIA的成立推动了内部审计理论和实践的系统化和规范化，为内部审计职业的全球化奠定了基础。IIA致力于制定全球统一的内部审计标准，以确保内部审计的独立性、客观性和专业性。

随着全球经济一体化进程的推进，企业的运营环境日益复杂多变，风险管理和内部控制的重要性日益凸显。为了应对这一变化，IIA在1978年发布了《国际内部审计实务标准》，这标志着内部审计标准化的开始。此后，IIA不断修订和完善内部审计标准，以适应不断变化的商业环境和审计需求。这些标准涵盖了内部审计的各个方面，从审计计划的制订到审计程序的实施，再到审计报告的编制和整改跟踪，确保内部审计的高效性和有效性。

进入21世纪，信息技术的迅猛发展和全球监管环境的日益严格，使得内部审计面临新的挑战和机遇。为应对这些变化，IIA在2009年发布了《国际内部审计专业实践框架》(IPPF)，这是对现有内部审计标准的进一步细化和扩展。IPPF提供了全面的指导，包括职业道德规范、核心原则、标准和实施指南，帮助内部审计师在复杂多变的环境中保持专业性和独立性。IPPF的发布标志着内部审计标准化的进一步深化，为全球内部审计实践提供了更为系统和全面的指导。

(二) 国际内部审计标准的核心内容

国际内部审计标准的核心内容包括一系列基本原则和具体规范，旨在确保内部审计活动的质量和有效性。《职业道德规范》是内部审计师在工作中应遵循的基本伦理准则，包括诚信、客观、公正、保密和能力等方面。遵循这些伦理准则，有助于维护内部审计职业的公信力和专业性，确保审计工作的独立性和客观性。

《国际内部审计实务标准》是内部审计工作的基本要求，分为属性标准和执行标准。属性标准规定了内部审计活动的基本特征，包括内部审计的独立性和客观性、内部审计师的专业胜任能力和持续专业发展要求等。执行标准则规定了内部审计活动的具体操作要求，包括审计计划的制定、审计程序的实施、审计报告的编制和整改跟踪等。通过遵循这些标准，内部审计师能够确保审计工作的系统性、规范性和有效性，提供高质量的审计服务。

《实施指南》为内部审计师提供了具体的操作指南，帮助其在实际工作中有效应用《职业道德规范》和《国际内部审计实务标准》。这些指南涵盖了内部审计工作的各个方面，从风险评估和控制测试，到审计程序的设计和实施，再到审计报告的编制和整改跟踪。通过遵循这些指南，内部审计师能够确保审计工作的高效性和有效性，提供独立、客观的评价和咨询服务，帮助组织改进管理和运营，提高整体价值。

（三）国际内部审计标准的应用实践

国际内部审计标准在实际应用中需要结合组织的具体情况和环境，灵活运用。内部审计师需要根据组织的风险状况和管理需求，制定科学、合理的审计计划。审计计划应明确审计目标和重点，合理配置审计资源，确保审计工作的有效性和针对性。在制定审计计划时内部审计师应充分考虑组织的业务性质、运营环境和风险状况，确保审计工作能够全面覆盖组织的各个方面，识别和评估潜在风险。

在审计程序的设计和实施过程中，内部审计师应采用系统化、规范化的方法，确保审计工作的质量和效果。风险评估是审计程序的重要环节，通过风险评估，内部审计师能够识别和评估组织面临的各类风险，确定审计重点和资源配置。在审计程序的实施过程中，内部审计师应采用科学的方法，进行详细的测试和分析，确保审计发现的准确性和可靠性。通过系统化、规范化的审计程序，内部审计师能够全面、深入地评估组织的内部控制和风险管理状况，提出切实可行的改进建议。

审计报告的编制和整改跟踪是审计工作的最后环节，也是确保审计效果的重要环节。内部审计师在编制审计报告时，应确保报告内容的客观、准确和完整，明确指出审计发现和改进建议，并及时向管理层和审计委员会报告审计结果。在整改跟踪过程中，内部审计师应与被审计部门保持良好的沟通，督促其落实整改措施，确保问题得到及时解决。通过审计报告和整改跟踪，内部审计师能够确保审计工作的实际效果,帮助组织改进管理和运营,提高整体价值。

(四) 国际内部审计标准的最新动态

随着全球经济和技术环境的快速变化,国际内部审计标准也在不断更新和完善,以应对新的挑战和需求。近年来,数字化转型和大数据技术的发展,对内部审计提出了新的要求和挑战。为适应这一变化,IIA 在其标准和指南中引入了更多关于信息技术审计和数据分析的内容,帮助内部审计师掌握最新的技术手段,提高审计工作的效率和效果。这些新标准和指南为内部审计师在信息技术审计和数据分析方面提供了具体的操作指南,帮助其应对数字化转型带来的挑战。

全球监管环境的日益严格也对内部审计提出了更高的要求。为应对这一变化,IIA 不断更新和完善其标准和指南,确保其能够适应新的监管要求。近年来 IIA 发布了一系列新的标准和指南,包括《信息技术审计指南》《反洗钱审计指南》和《网络安全审计指南》等。在全球化背景下,IIA 还积极推动内部审计标准的国际化和本地化结合,确保其标准和指南能够在全球范围内广泛应用,并满足不同国家和地区的具体需求。IIA 与各国和地区的内部审计协会紧密合作,共同制定和推广符合本地实际情况的内部审计标准和指南。

二、内部审计的组织结构与职责

(一) 内部审计部门的设置与独立性

内部审计部门的设置与独立性是确保内部审计活动有效性和客观性的关键。通常情况下,内部审计部门直接向董事会或审计委员会报告,以确保其在组织内部的独立性。独立性是内部审计部门的核心特征,确保其在审计过程中不受管理层的干扰,能够客观、公正地评估组织的风险管理和内部控制状况。在组织结构上,内部审计部门应与其他职能部门保持适当的距离,避免利益冲突,确保审计工作的独立性和客观性。

内部审计部门的设置应根据组织的规模和业务复杂性进行合理配置。对于大型企业,内部审计部门通常由若干专业审计师组成,涵盖财务审计、运营审计、合规审计和信息系统审计等多个领域。这些审计师应具备相应的专业知识和技能，能够全面、深入地评估组织的各项活动。对于中小型企业，内部审计部门的设置可以相对简化，但应确保审计工作的独立性和专业性。无论企业规模大小，内部审计部门的设置都应符合组织的实际需求，确保审计工作的有效性和针对性。

内部审计部门的独立性还需要得到组织高层的支持和保障。董事会和审计委员会应重视内部审计的独立性，确保其在组织内部的独立地位和权威。内部审计部门应定期向董事会或审计委员会报告审计工作情况，包括审计计划、审计发现和改进建议等，确保审计工作的透明度和公信力。通过独立的组织结构和高层的支持，内部审计部门能够有效履行其职责，提供独立、客观的评价和咨询服务，帮助组织改进管理和运营。

（二）内部审计人员的职责与要求

内部审计人员的职责与要求是确保内部审计活动质量和效果的重要因素。内部审计人员应具备专业的审计知识和技能，能够全面、深入地评估组织的各项活动。内部审计人员应熟悉财务审计、运营审计、合规审计和信息系统审计等多个领域，能够根据组织的实际需求，灵活运用审计方法和技术。内部审计人员还应具备良好的沟通和协调能力，能够与被审计部门保持良好的沟通，确保审计工作的顺利进行。

内部审计人员的职责主要包括审计计划的制订、审计程序的实施、审计报告的编制和整改跟踪等。审计计划的制订是审计工作的起点，内部审计人员应根据组织的风险状况和管理需求，制订科学、合理的审计计划。审计程序的实施是审计工作的核心环节，内部审计人员应采用系统化、规范化的方法，对组织的各项活动进行详细的测试和分析。审计报告的编制和整改跟踪是确保审计效果的重要环节，内部审计人员应及时、准确地报告审计发现和改进建议，督促被审计部门落实整改措施，确保问题得到及时解决。

除了专业知识和技能，内部审计人员还应具备良好的职业道德和工作态度。职业道德是内部审计人员在工作中应遵循的基本准则，包括诚信、客观、公正、保密和能力等方面。内部审计人员应保持高度的职业道德，确保审计工作的独立性和客观性。良好的工作态度是确保审计工作质量和效果的关键，内部审计人员应保持积极、主动的工作态度，持续学习和发展，保持专业知识和技能的更新，以应对不断变化的审计需求和挑战。

（三）内部审计的报告体系与沟通渠道

内部审计的报告体系与沟通渠道是确保审计工作透明度和效果的重要环节。内部审计报告是审计工作的最终成果，反映了审计发现和改进建议。内部审计报告的编制应遵循客观、准确、完整的原则，确保报告内容的公正性和可信度。审计报告应明确指出审计发现的问题、原因和影响，提出切实可行的改进建议，并附有详细的证据支持，确保报告内容的可靠性和可操作性。

内部审计报告的传递和沟通是确保审计效果的重要环节。通常情况下，内部审计报告应提交给董事会或审计委员会，并抄送管理层和相关职能部门。通过这种报告体系，内部审计能够确保审计发现和改进建议得到高层的重视和落实。内部审计师应与被审计部门保持良好的沟通，及时反馈审计发现和改进建议，督促其落实整改措施，确保问题得到及时解决。良好的沟通渠道能够促进审计工作的顺利进行，提高审计工作的透明度和效果。

为了确保审计报告的质量和效果，内部审计部门应建立健全的报告审核和反馈机制。在审计报告提交前，内部审计部门应进行严格的审核，确保报告内容的客观性、准确性和完整性。在审计报告提交后，内部审计部门应及时跟踪被审计部门的整改情况，督促其落实整改措施，确保问题得到及时解决。内部审计部门应定期向董事会或审计委员会报告审计工作情况，包括审计计划、审计发现、改进建议和整改跟踪等，确保审计工作的透明度和公信力。通过健全的报告体系和沟通渠道，内部审计能够有效履行其职责，提供独立、客观的评价和咨询服务，帮助组织改进管理和运营，提高整体价值。

三、内部审计的流程与方法

（一）内部审计计划的制订

内部审计计划的制订是内部审计工作的起点和基础，直接影响审计工作的有效性和针对性。审计计划的制定应基于组织的风险状况和管理需求,明确审计目标和重点,合理配置审计资源。内部审计师应对组织的整体风险环境进行评估,识别和评估潜在的重大风险。通过风险评估,内部审计师能够确定审计工作的重点和优先顺序,确保审计资源的有效配置。

在审计计划的制订过程中,内部审计师应与组织的管理层和相关职能部门保持密切沟通,了解其工作重点和风险状况。通过与管理层和职能部门的沟通,内部审计师能够全面、深入地了解组织的运营情况和风险状况,为制订科学、合理的审计计划提供依据。在制订审计计划时,内部审计师应充分考虑组织的业务性质、运营环境和风险状况,确保审计工作的全面性和深入性。

审计计划的内容应包括审计目标、审计范围、审计方法、审计资源配置和时间安排等。审计目标应明确具体,审计范围应全面覆盖组织的各项活动,审计方法应科学、规范,审计资源配置应合理,时间安排应切实可行。在审计计划制订完成后,内部审计师应将审计计划提交给董事会或审计委员会批准,确保审计工作的权威性和透明度。通过科学、合理的审计计划,内部审计能够有效开展审计工作,提供独立、客观的评价和咨询服务,帮助组织改进管理和运营。

(二) 风险评估与审计程序设计

风险评估与审计程序设计是内部审计工作的核心环节,直接关系到审计工作的质量和效果。风险评估是确定审计重点和资源配置的重要依据,通过风险评估,内部审计师能够识别和评估组织面临的各类风险,包括财务风险、运营风险、合规风险和信息技术风险等。风险评估的方法包括风险矩阵、风险评分和风险分类等,内部审计师应根据组织的具体情况,灵活运用这些方法,确保风险评估的准确性和全面性。

在风险评估的基础上,内部审计师应设计科学、规范的审计程序,确保审计工作的系统性和有效性。审计程序设计应包括审计目标的确定、审计范围的界定、审计方法的选择和审计测试的具体安排等。在设计审计程序时,内部审计师应充分考虑审计目标和审计范围,选择适当的审计方法,如访谈、观察、检查、分析和抽样等,确保审计程序的有效性和针对性。审计测试的具体安排应详细、可操作，确保审计工作的顺利进行和审计发现的可靠性。

审计程序设计完成后，内部审计师应编制审计工作底稿，记录审计程序的具体内容和实施情况。审计工作底稿是审计过程的重要记录，反映了审计工作的全过程和审计发现的依据。通过详细、规范的审计程序设计和审计工作底稿，内部审计师能够确保审计工作的高效性和有效性，提供独立、客观的评价和咨询服务，帮助组织识别和评估风险，提出切实可行的改进建议。

（三）现场审计与数据分析

现场审计与数据分析是内部审计工作的关键环节，直接关系到审计发现的准确性和可靠性。现场审计是指内部审计师在被审计部门实地进行的审计活动，通过访谈、观察、检查和测试等方法，获取审计证据，评估内部控制的设计和运行有效性。现场审计的目的是通过详细的审计程序，识别和评估组织的内部控制和风险管理状况，发现潜在的问题和风险，提出改进建议。

在现场审计过程中数据分析是获取审计证据和支持审计发现的重要手段。内部审计师应采用科学、规范的数据分析方法，对组织的各类数据进行详细的分析和处理，确保审计发现的准确性和可靠性。数据分析的方法包括趋势分析、比率分析、统计分析和回归分析等，内部审计师应根据具体情况，选择适当的数据分析方法，确保数据分析的有效性和针对性。通过详细的数据分析，内部审计师能够识别和评估组织的风险状况，发现潜在的问题和风险，提出切实可行的改进建议。

现场审计和数据分析的结果应及时、准确地记录在审计工作底稿中，确保审计工作的透明度和可追溯性。审计工作底稿应包括审计程序的具体内容、审计发现的详细描述、数据分析的具体方法和结果等，确保审计工作的系统性和规范性。通过现场审计和数据分析，内部审计师能够全面、深入地评估组织的内部控制和风险管理状况，提供独立、客观的评价和咨询服务，帮助组织改进管理和运营。

四、内部审计的质量控制与评估

（一）内部审计的质量控制标准

内部审计的质量控制标准是确保内部审计活动高效性和可靠性的基础。质量控制标准由国际内部审计师协会（IIA）制定，主要包括《职业道德规范》《国际内部审计实务标准》和《实施指南》等。《职业道德规范》是内部审计师在工作中应遵循的基本伦理准则，包括诚信、客观、公正、保密和能力等方面。遵循这些伦理准则，有助于维护内部审计职业的公信力和专业性，确保审计工作的独立性和客观性。

《国际内部审计实务标准》是内部审计工作的基本要求，分为属性标准和执行标准。属性标准规定了内部审计活动的基本特征，包括内部审计的独立性和客观性、内部审计师的专业胜任能力和持续专业发展要求等。执行标准则规定了内部审计活动的具体操作要求，包括审计计划的制订、审计程序的实施、审计报告的编制和整改跟踪等。通过遵循这些标准，内部审计师能够确保审计工作的系统性、规范性和有效性，提供高质量的审计服务。《实施指南》为内部审计师提供了具体的操作指南，帮助其在实际工作中有效应用《职业道德规范》和《国际内部审计实务标准》。这些指南涵盖了内部审计工作的各个方面，从风险评估和控制测试，到审计程序的设计和实施，再到审计报告的编制和整改跟踪。通过遵循这些指南，内部审计师能够确保审计工作的高效性和有效性，提供独立、客观的评价和咨询服务，帮助组织改进管理和运营，提高整体价值。

（二）内部审计的绩效评估指标

内部审计的绩效评估指标是衡量内部审计工作质量和效果的重要工具。绩效评估指标应包括审计计划完成情况、审计发现和改进建议的落实情况、审计报告的质量和整改跟踪的效果等方面。审计计划完成情况是衡量内部审计工作计划性和有效性的重要指标，内部审计师应根据审计计划的具体内容，评估审计目标和任务的完成情况，确保审计工作的系统性和有效性。审计发现和改进建议的落实情况是衡量内部审计工作实际效果的重要指标，内部审计师应对审计发现的问题和改进建议进行跟踪，评估其落实情况和整改效果，确保问题得到及时解决，改进措施得到有效实施。

审计报告的质量是衡量内部审计工作专业性和客观性的重要指标，内部审计师应根据《国际内部审计实务标准》和《实施指南》的要求，评估审计报告的内容、结构和质量，确保审计报告的客观性、准确性和完整性。整改跟踪的效果是衡量内部审计工作实际影响的重要指标，内部审计师应对被审计部门的整改情况进行跟踪，评估整改措施的落实和问题的解决情况，确保整改效果的实际性和有效性。通过科学、合理的绩效评估指标，内部审计能够全面、系统地评估审计工作的质量和效果，提供独立、客观的评价和咨询服务，帮助组织改进管理和运营，提高整体价值。

（三）内部审计的改进与反馈机制

内部审计的改进与反馈机制是确保审计工作持续改进和提高的重要手段。改进与反馈机制包括审计发现和改进建议的反馈、整改跟踪和评估、审计工作底稿和报告的审核等方面。在审计发现和改进建议的反馈过程中，内部审计师应及时、准确地向被审计部门和管理层反馈审计发现和改进建议，确保审计发现得到充分重视和落实。整改跟踪和评估是确保审计效果的重要环节，内部审计师应对被审计部门的整改情况进行跟踪，评估整改措施的落实和问题的解决情况，确保整改效果的实际性和有效性。

审计工作底稿和报告的审核是确保审计工作质量和效果的重要手段，内部审计部门应建立健全的审核机制，对审计工作底稿和报告进行严格审核，确保审计工作的系统性、规范性和有效性。通过详细、规范的审计工作底稿和报告，内部审计师能够全面、系统地记录审计过程和审计发现，提供可靠的审计证据和支持。内部审计部门应定期进行内部审计工作的质量评估，总结审计经验，发现和解决问题，持续改进审计工作方法和程序，提高审计工作的质量和效果。

改进与反馈机制还应包括审计人员的培训和发展，内部审计部门应定期组织审计人员参加专业培训和继续教育，保持其专业知识和技能的更新，以应对不断变化的审计需求和挑战。通过持续的培训和发展，内部审计师能够不断提高其专业水平和工作能力，提供高质量的审计服务。

❖ 第三节 内部审计在企业风险管理中的作用

内部审计在企业风险管理中的作用至关重要，通过系统的审计方法和独立、客观的评价，内部审计能够识别和评估企业面临的各种风险，确保风险管理体系的健全和有效运行。内部审计通过全面的风险评估，帮助企业识别潜在的财务风险、运营风险、合规风险和战略风险，确保企业对各种风险有全面的认识。内部审计评估企业的内部控制体系，检测控制措施的设计和运行效果，发现并报告内部控制的缺陷和漏洞，提出改进建议，确保控制措施能够有效预防和应对风险。内部审计在企业风险管理中还扮演着咨询角色，通过独立的视角和专业的审计方法，向管理层提供风险管理和内部控制方面的建议，帮助企业优化其风险管理策略和控制措施，提高管理效率和决策质量。

内部审计定期审查和评估企业的风险管理体系，确保其持续改进和有效运行，推动企业建立动态的风险管理机制，应对不断变化的内外部环境。内部审计通过对风险管理和内部控制的独立评价，增强企业对风险的应对能力，保障企业的可持续发展和长期稳定。

内部审计还协助企业遵守法律法规和内部政策，确保企业的各项活动合规运行，避免因违规导致的法律和财务风险。例如内部审计在企业风险管理中发挥着识别、评估、改进和咨询的多重作用，帮助企业建立健全的风险管理体系，提高风险应对能力，保障企业的长期健康发展。通过独立、客观的审计活动，内部审计为企业提供了重要的风险管理支持，提升了企业整体管理水平和运营效率。

一、风险识别与评估中的内部审计角色

（一）内部审计在风险识别中的方法和工具

内部审计在风险识别中的方法和工具至关重要，决定了审计工作的有效性和全面性。内部审计师通常采用风险评估矩阵，这是一个系统化的方法，通过评估

各种风险的可能性和影响程度,来确定风险的优先级。这种方法能够帮助审计师识别出那些对企业有重大影响的风险,确保审计资源被合理分配到最需要关注的领域。例如内部审计师还会使用访谈和问卷调查等工具,收集来自不同层级和部门的员工对潜在风险的看法和意见。通过这些方法,审计师能够获得第一手的信息,深入了解企业内部的风险环境。内部审计师也会使用数据分析工具,通过分析企业的财务数据和运营数据,识别出潜在的异常和风险点。这些工具和方法的结合,使得内部审计能够全面、系统地识别企业面临的各种风险,为后续的风险评估和管理提供基础。具体方法与工具如表 2-3 所示。

表 2-3 内部审计在风险识别中的方法和工具

方法与工具	描述
风险评估矩阵	通过评估各种风险的可能性和影响程度,确定风险的优先级,帮助审计师识别对企业有重大影响的风险,并合理分配审计资源。
访谈和问卷调查	收集不同层级和部门的员工对潜在风险的看法和意见,获取第一手信息,深入了解企业内部的风险环境。
数据分析工具	分析企业的财务数据和运营数据,识别出潜在的异常和风险点,为风险识别提供数据支持。
方法与工具的结合	综合运用风险评估矩阵、访谈、问卷调查和数据分析工具,使内部审计全面、系统地识别企业面临的各种风险。

(二) 内部审计评估风险的标准和指标

在评估风险时,内部审计师需要使用一套明确的标准和指标,以确保评估过程的客观性和科学性。审计师通常会依据企业的风险管理政策和框架,设定风险评估的标准和指标。这些标准和指标通常包括风险的发生概率、风险的潜在影响、风险的可控性等。通过这些标准,审计师能够系统地评估每一种风险的严重程度,确定其在企业整体风险图谱中的位置。内部审计师还会结合企业的实际情况,调整和优化风险评估的标准和指标,确保其适应企业的具体环境和需求。通过严格的标准和科学的指标,内部审计师能够准确地评估企业面临的各种风险,为企业的风险管理决策提供有力的支持。

(三) 内部审计在企业风险评估中的独立性

内部审计在企业风险评估中的独立性是确保评估结果客观和可信的重要因素。内部审计部门通常直接向董事会或审计委员会报告，确保其工作不受管理层的干扰。这种独立的汇报线使得内部审计师能够客观地评估企业的风险，而不必担心外界的压力或影响。例如内部审计师在风险评估过程中应保持中立和客观，不受任何利益相关者的影响。这要求审计师具备高度的职业道德和专业素养，能够在复杂的利益关系中保持独立性和公正性。内部审计部门应与企业的其他职能部门保持适当的距离，避免利益冲突，确保其评估工作的独立性和客观性。通过保持独立性，内部审计师能够提供真实、可靠的风险评估结果，为企业的风险管理提供坚实的基础。

(四) 内部审计报告与风险沟通

内部审计报告与风险沟通是风险管理过程中的关键环节。内部审计报告是对审计发现和风险评估结果的正式记录，必须准确、全面地反映企业面临的风险状况。审计报告应包括详细的风险评估结果，明确指出每一种风险的发生概率、潜在影响和可控性。

通过清晰、详细的描述，审计报告能够帮助企业管理层和董事会全面了解企业的风险状况，为决策提供依据。例如审计报告应包括具体的改进建议和措施，帮助企业有效应对和管理风险。内部审计师应根据评估结果，提出切实可行的改进措施，并为企业提供实施建议和指导。内部审计报告应通过正式的渠道传递给企业管理层和董事会，确保其得到充分的重视和落实。内部审计师还应与被审计部门保持良好的沟通，及时反馈审计发现和改进建议，督促其落实整改措施，确保问题得到及时解决。通过有效的风险沟通，内部审计能够促进企业风险管理的持续改进，提高企业的整体管理水平和运营效率。

二、内部控制与审计的关系

（一）内部控制的基本概念与构成

内部控制是企业为了实现其经营目标，保护资产的安全性和完整性，确保财务报告的真实性和可靠性，以及遵守相关法律法规而设计和实施的一系列政策、程序和活动。内部控制的基本概念包括控制环境、风险评估、控制活动、信息与沟通以及监控等五个要素。控制环境是指企业内部的整体氛围和文化，包括管理层的态度、道德观念和组织结构等。风险评估是指企业对可能影响目标实现的各种风险进行识别和分析，以便采取适当的应对措施。控制活动是指企业为实现控制目标而制定和实施的具体政策和程序，如审批程序、分权控制和实物控制等。信息与沟通是指企业内部和外部信息的获取、传递和反馈过程，确保相关人员能够及时了解和处理信息。监控是指企业对内部控制系统的运行情况进行持续的检查和评估，确保其有效性和适应性。

（二）内部审计对内部控制有效性的评价

内部审计在评价内部控制有效性方面发挥着重要作用。内部审计师通过审查和测试内部控制的设计和运行情况，评估其是否能够有效防范和控制风险。审计师会采用抽样检查、流程走查和实地测试等方法，验证控制活动的实际执行情况，发现潜在的控制缺陷和漏洞。

例如内部审计师会根据评估结果，提出改进内部控制的建议和措施，帮助企业优化控制系统，提升风险管理水平。例如如果审计发现某个关键控制点存在缺陷，审计师会建议企业加强该控制点的设计和执行，确保其能够有效防范和控制相关风险。内部审计师会定期对内部控制系统进行复审和评估，确保其持续有效运行。通过定期的检查和评估，内部审计师能够及时发现和纠正内部控制中的问题，促进企业内部控制的持续改进和完善。

（三）内部审计在内部控制改进中的作用

内部审计在内部控制改进中扮演着重要的角色。内部审计师通过独立、客观的审计活动，发现和报告内部控制中的缺陷和漏洞，提供改进建议和措施。审计师会根据审计结果，向管理层和董事会报告控制缺陷的性质、原因和影响，并提出具体的改进方案。例如内部审计师会与被审计部门密切合作，帮助其制定和实施改进措施，确保控制缺陷得到及时和有效的解决。审计师会根据改进方案，提供技术支持和指导，确保改进措施的可操作性和有效性。内部审计师会对改进措施的实施情况进行跟踪和评估，确保其落实到位并取得预期效果。通过跟踪和评估，内部审计师能够及时发现和解决实施过程中的问题，确保内部控制的持续改进和完善。总的来说，内部审计在内部控制改进中发挥着发现、指导和监督的作用，帮助企业建立和维护有效的内部控制系统，提高风险管理水平和运营效率。具体作用如图 2-1 所示。

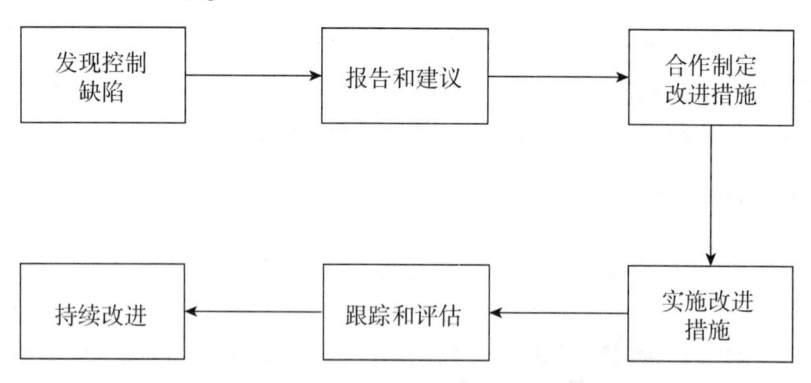

图 2-1 内部审计在内部控制改进中的作用流程图

三、风险应对与监控的审计策略

（一）内部审计制定风险应对策略的方法

内部审计在制定风险应对策略时，首先需要进行全面的风险评估，识别和评估企业面临的各种风险，包括财务风险、运营风险、合规风险和战略风险等。审计师通过风险评估矩阵、访谈和问卷调查等方法，确定每一种风险的发生概率和潜在影响，评估其在企业整体风险图谱中的位置。根据评估结果，内部审计师能够确定风险应对的优先级，制定相应的应对策略。风险应对策略通常包括风险规避、风险降低、风险转移和风险接受等多种方法。内部审计师应根据具体情况，选择适当的风险应对策略，确保风险管理的有效性和针对性。

在制定风险应对策略时，内部审计师还需要考虑企业的资源和能力，确保应对措施的可操作性和经济性。例如对于某些高风险领域，企业可能需要投入大量资源进行风险规避或降低，但这也可能会增加企业的运营成本。内部审计师需要在风险管理和成本控制之间找到平衡点，确保风险应对策略的有效性和经济性。内部审计师还需要考虑企业的战略目标和业务发展，确保风险应对策略与企业的整体战略和目标相一致。

例如内部审计师应将风险应对策略纳入审计计划，确保其在实际工作中的实施和执行。在审计过程中，内部审计师应对风险应对策略的实施情况进行检查和评估，确保其落实到位并取得预期效果。通过持续的检查和评估，内部审计师能够及时发现和解决实施过程中的问题，确保风险应对策略的有效性和持续改进。内部审计在制定风险应对策略时，应进行全面的风险评估，综合考虑企业的资源和能力，确保应对措施的可操作性和经济性，并通过持续的检查和评估，确保风险应对策略的有效实施和持续改进。

（二）内部审计在风险监控中的持续性评估

内部审计在风险监控中的持续性评估是确保企业风险管理体系有效运行的重要手段。内部审计师应建立健全的风险监控机制，定期对企业的风险管理体系进行评估和检查。通过持续的监控和评估，内部审计师能够及时发现和解决企业风险管理中的问题，确保风险管理体系的有效性和适应性。风险监控机制应包括定期的风险评估、控制测试和风险报告等环节，确保风险管理的各个方面得到全面、系统的监控和评估。

在风险监控过程中，内部审计师应采用科学、规范的评估方法，对企业的风险管理体系进行详细的测试和分析。评估方法通常包括抽样检查、流程走查和实地测试等，确保评估结果的客观性和可靠性。通过详细的测试和分析，内部审计师能够识别和评估企业风险管理中的潜在问题和风险，提出改进建议和措施，帮助企业优化风险管理体系，提高风险应对能力。内部审计师还应结合企业的实际情况，调整和优化风险监控机制，确保其适应企业的具体环境和需求。通过科学、规范的评估方法和持续的监控，内部审计师能够确保企业风险管理体系的有效运行，提供独立、客观的评价和咨询服务。

（三）内部审计对风险应对措施的有效性测试

内部审计对风险应对措施的有效性测试是确保风险管理措施落地实施并取得预期效果的关键环节。内部审计师需要制定详细的测试计划，明确测试的目标、范围、方法和步骤。测试计划应包括对关键控制点的详细检查、数据分析和现场验证等内容，确保测试的全面性和深入性。通过详细的测试计划，内部审计师能够系统、规范地评估风险应对措施的有效性，确保其能够有效防范和控制风险。

在测试过程中，内部审计师应采用科学、规范的测试方法，对风险应对措施的实施情况进行详细的检查和评估。测试方法通常包括抽样检查、流程走查、数据分析和实地验证等，确保测试结果的客观性和可靠性。通过详细的测试和分析，内部审计师能够识别和评估风险应对措施中的潜在问题和不足，提出改进建议和措施，帮助企业优化风险管理体系，提高风险应对能力。

（四）内部审计在风险应对中的反馈与改进机制

内部审计在风险应对中的反馈与改进机制是确保审计发现和建议得到落实，并推动企业风险管理持续改进的重要手段。内部审计师应建立健全的反馈机制，及时将审计发现和改进建议反馈给被审计部门和管理层。反馈机制应包括正式的审计报告、定期的反馈会议和持续的沟通渠道，确保审计发现和建议得到充分的重视和落实。通过及时、准确的反馈，内部审计师能够帮助企业管理层和被审计部门全面了解审计结果，明确改进方向和措施。

在反馈过程中，内部审计师应与被审计部门保持良好的沟通，提供技术支持和指导，帮助其制定和实施改进措施。审计师应根据审计发现和改进建议，与被审计部门共同制订详细的整改计划，明确整改措施、责任人和时间节点，确保改进措施的可操作性和有效性。内部审计师还应提供技术支持和指导，帮助被审计部门解决整改过程中遇到的问题，确保整改措施的顺利实施和取得预期效果。

四、内部审计在风险管理中的成功应用

（一）成功案例：内部审计在企业风险识别中的应用

内部审计在企业风险识别中的成功应用可以通过具体案例来说明。在一家大型制造企业中，内部审计部门通过全面的风险识别和评估，帮助企业识别出潜在的供应链风险和生产风险。内部审计师采用风险评估矩阵、访谈和问卷调查等方法，系统地评估企业的供应链和生产流程，识别出关键环节和潜在风险。例如通过对供应商的评估，审计师发现某些供应商存在交货延迟和质量问题，这些问题可能对企业的生产和交付造成重大影响。通过详细的风险评估，内部审计师能够帮助企业全面了解供应链和生产流程中的风险，为制定应对策略提供依据。

在识别出供应链和生产风险后，内部审计师与企业管理层和相关部门密切合作，制定并实施了详细的风险应对策略。例如针对供应商的交货延迟和质量问题，审计师建议企业加强供应商管理，制定严格的供应商评估和选择标准，并与关键供应商签订长期合作协议，确保供应链的稳定性和可靠性。针对生产流程中的潜在风险，审计师建议企业优化生产计划和流程，加强质量控制和生产监控，确保生产的顺利进行和产品质量的稳定。

（二）成功案例：内部审计提升内部控制的实例

内部审计在提升内部控制中的成功应用可以通过具体案例来说明。在一家金融服务公司中，内部审计部门通过独立、客观的审计活动，发现并改进了企业的内部控制系统，提升了风险管理水平和运营效率。内部审计师对公司的内部控制系统进行了全面的审查和评估，发现了一些关键控制点的缺陷和漏洞。例如审计师发现公司在资金管理和交易处理方面存在控制薄弱环节，可能导致资金流失和交易错误的风险。

在发现内部控制缺陷后，内部审计师与公司管理层和相关部门密切合作，制定并实施了详细的改进措施。例如针对资金管理和交易处理中的控制薄弱环节，审计师建议公司加强资金管理和交易处理的审批和监控，制定详细的操作流程和

控制措施，确保资金流动和交易处理的安全性和准确性。审计师还建议公司加强员工培训，提高员工的风险意识和操作技能，确保控制措施的有效实施。通过这些具体的改进措施，公司能够有效防范和控制资金流失和交易错误的风险，提高内部控制的有效性和运营效率。

(三) 成功案例：内部审计优化风险应对策略的实践

内部审计在优化风险应对策略中的成功应用可以通过具体案例来说明。在一家零售企业中，内部审计部门通过独立、客观的审计活动，帮助企业优化了风险应对策略，提高了风险管理水平和运营效率。内部审计师对企业的风险管理体系进行了全面的审查和评估，发现了一些风险应对措施的不足和改进空间。例如审计师发现企业在应对市场竞争和消费者行为变化方面的措施不够充分，可能导致市场份额下降和销售业绩下滑的风险。通过详细的审计评估，内部审计师能够识别和评估风险应对中的潜在问题，为优化风险应对策略提供依据。

在发现风险应对措施的不足后，内部审计师与企业管理层和相关部门密切合作，制定并实施了详细的优化措施。例如针对市场竞争和消费者行为变化的风险，审计师建议企业加强市场调研和消费者需求分析，制定灵活的市场营销和销售策略，及时调整产品和服务，满足消费者的需求。审计师还建议企业加强供应链管理，优化库存控制和物流配送，提高供应链的灵活性和响应速度，确保产品和服务的及时供应。

❖ 第四节 内部审计的挑战与未来趋势

内部审计在当今复杂多变的商业环境中面临诸多挑战，同时也展现出显著的未来发展趋势。快速发展的信息技术对内部审计提出了新的要求。大数据、人工智能和区块链等技术的广泛应用，使得数据分析和信息系统审计变得更加复杂，内部审计师需要不断提升技术能力，以应对这些变化。例如全球化进程加剧了企业面临的风险，跨国经营的企业需要应对不同国家的法律法规和文化差异，这对内部审计的独立性和客观性提出了更高的要求。内部审计师需要具备全球视野和跨文化沟通能力，以有效识别和评估全球化带来的风险。

企业治理和合规性要求的提高，使得内部审计在监督和评估企业内部控制和风险管理体系方面的作用更加重要。内部审计师需要深入了解相关法律法规和行业标准，确保企业在运营过程中遵守合规要求，避免法律和财务风险。未来，内部审计的发展趋势包括技术驱动的审计模式、全面风险管理的整合以及审计职能的战略转型。技术驱动的审计模式将大幅提升审计效率和效果，通过自动化和数据分析工具，内部审计师能够更加精准地识别和评估风险。

全面风险管理的整合要求内部审计与企业的风险管理部门紧密合作，共同建立和维护一个系统化的风险管理框架，提升企业的整体风险应对能力。审计职能的战略转型则意味着内部审计不仅仅局限于传统的财务审计和合规审计，而是更加关注企业的运营效率和战略目标实现，提供有价值的咨询和建议，推动企业持续改进和创新。内部审计在面对挑战的同时通过技术创新和职能转型，必将在企业治理和风险管理中发挥越来越重要的作用，助力企业实现长期可持续发展。

一、内部审计面临的外部环境变化

（一）全球化进程对内部审计的影响

全球化进程对内部审计的影响深远且复杂。随着企业跨国经营规模的扩大，内部审计必须应对不同国家和地区的法律法规、文化差异以及市场环境。这要求审计师具备广泛的知识储备和灵活的适应能力，以识别和评估在不同地域运营中的潜在风险。跨国企业面临的合规要求更为复杂，内部审计需确保企业在各地运营中遵守当地的法律法规，避免因不合规而遭受处罚和声誉损失。审计师需要熟悉国际财务报告准则（IFRS）等全球性标准，同时也要了解各国特有的会计和税务规定，以提供全面的风险评估和合规审计。

全球化带来的供应链复杂性也增加了内部审计的挑战。全球化的供应链涉及多国供应商和合作伙伴，任何环节出现问题都可能对企业造成重大影响。内部审计需通过有效的风险识别和控制措施，确保供应链的稳定性和透明度。审计师需要进行供应商评估、合同审查和跨境交易的合规性检查，防范供应链中断和潜在的法律纠纷。因此跨文化管理和沟通能力也成为内部审计师的必备技能，能够在不同文化背景下有效开展审计工作，协调各方利益，推动改进措施的实施。

（二）法规和合规要求的不断提升

法规和合规要求的不断提升对内部审计提出了更高的标准和挑战。现代企业运营环境中，政府和监管机构对合规的重视程度不断增加，新法规和政策层出不穷，内部审计需要持续跟踪和解读最新的法规变化，以确保企业的合规性。企业面临的合规风险不仅限于财务报表的真实性和公允性，还包括反洗钱、反贿赂、数据保护、环境保护等多个方面。内部审计师需要具备多领域的专业知识，能够全面评估企业在各个方面的合规风险，提出改进建议。

内部审计在确保企业合规方面发挥着关键作用。审计师需要了解和解释新法规的具体要求，评估企业现有的政策和程序是否符合新规。对于发现的合规缺陷和潜在违规行为，审计师应及时提出整改建议，并协助企业制定和实施改进措施。内部审计还需要对企业的合规文化进行评估，确保管理层和员工在日常运营中遵守合规要求，形成合规意识和行为习惯。通过合规审计，内部审计能够帮助企业降低合规风险，避免因违规导致的法律和财务损失。

法规和合规要求的提升还要求内部审计在合规风险管理中发挥更积极的作用。审计师需参与企业的风险管理体系建设，帮助识别、评估和监控合规风险。内部审计应定期进行合规审查，评估企业的合规风险状况，及时发现和解决合规问题。内部审计还需与企业的法务和合规部门密切合作，共同推动合规管理体系的完善。通过加强合规管理，内部审计能够提高企业的风险防范能力，维护企业的合法权益和声誉。

（三）经济不确定性和市场波动

经济不确定性和市场波动对内部审计提出了新的挑战。全球经济环境的复杂多变使企业面临更多的不确定性，内部审计需要具备敏锐的洞察力和灵活的应对策略，及时识别和评估企业面临的经济风险和市场风险。经济衰退、通货膨胀、利率波动和汇率变动等因素都会对企业的财务状况和经营成果产生重大影响。内部审计师需通过分析宏观经济数据和市场趋势，评估这些外部环境变化对企业的潜在影响，提出相应的风险管理措施。

市场波动对企业的运营和战略决策带来不小的挑战。内部审计需要关注市场需求变化、竞争对手动态和行业发展趋势，评估企业的市场策略和业务模式是否能够适应市场环境的变化。对于企业的投资和并购活动，内部审计需进行严格的尽职调查，评估潜在的财务风险和运营风险，确保投资决策的合理性和可行性。内部审计还需关注企业的财务流动性和资本结构，评估其应对市场波动的能力，确保企业在市场变化中保持稳定和持续发展。

在经济不确定性和市场波动的背景下，内部审计还需关注企业的战略规划和执行情况。审计师需评估企业的战略目标和实现路径，确保其与外部环境变化相适应。对于企业的关键项目和业务活动，内部审计需进行定期评估，监控其进展和效果，及时发现和解决潜在问题。通过战略审计，内部审计能够帮助企业优化战略决策，提高应对经济不确定性和市场波动的能力，确保企业在复杂多变的环境中实现持续发展和增长。

（四）社会责任和可持续发展的压力

社会责任和可持续发展成为企业运营的重要议题，对内部审计提出了新的要求和挑战。现代企业不仅要追求经济效益，还需关注环境保护、社会责任和可持续发展。内部审计需要评估企业在环境保护和社会责任方面的表现，确保其符合相关法规和标准，避免因环境问题或社会责任缺失而导致的声誉风险和法律风险。审计师需了解环境保护法规和可持续发展标准，评估企业的环境管理体系和社会责任政策，提出改进建议，帮助企业提升社会责任和可持续发展绩效。

企业的环境保护和可持续发展要求内部审计进行全面的环境审计和社会责任审计。环境审计包括评估企业的环境管理体系、环境影响评估和环境保护措施，确保其符合环保法规和标准。社会责任审计包括评估企业在员工福利、社区关系、供应链管理和公益活动等方面的表现，确保其履行社会责任。内部审计需通过实地调查、数据分析和访谈等方法，全面评估企业在环境保护和社会责任方面的实际情况，提出改进建议，帮助企业提升社会责任和可持续发展绩效。

社会责任和可持续发展还要求内部审计在企业治理中发挥更积极的作用。内部审计需参与企业的社会责任和可持续发展战略制定，帮助企业识别和评估相关风险和机遇。审计师需定期对企业的社会责任和可持续发展绩效进行评估，确保其符合企业的战略目标和外部环境的变化。通过社会责任和可持续发展审计，内部审计能够帮助企业提升透明度和公信力，增强社会责任和可持续发展的能力，实现经济效益和社会效益的双赢。

二、内部审计技术的创新与发展

（一）大数据分析在内部审计中的应用

大数据分析在内部审计中的应用极大地提升了审计效率和效果。现代企业产生的大量数据为内部审计提供了丰富的信息来源，通过大数据分析，审计师可以从海量数据中提取有价值的信息，识别潜在的风险和问题。大数据分析技术包括数据挖掘、机器学习和统计分析等，能够处理和分析结构化和非结构化数据，揭示数据中的规律和异常。

大数据分析还可以帮助内部审计进行预测分析和风险评估。通过对历史数据的分析，审计师可以预测未来可能发生的风险和问题，提前制定应对策略。例如通过分析市场数据和销售数据，审计师可以预测市场需求变化和销售趋势，帮助企业调整市场策略和销售计划。大数据分析还可以帮助审计师进行风险评估，通过分析企业的运营数据和财务数据，评估企业面临的各类风险，如财务风险、运营风险和市场风险等，为企业的风险管理提供科学依据。

大数据分析在内部审计中的应用还可以提高审计的全面性和准确性。传统审计方法通常依赖于抽样检查，可能遗漏一些重要的信息和风险。而大数据分析可以对全部数据进行全面分析，确保审计结果的准确性和全面性。通过大数据分析，审计师可以发现传统审计方法难以识别的风险和问题，提出更加准确和有效的改进建议。例如通过分析供应链数据和生产数据，审计师可以发现供应链管理和生产流程中的潜在问题，提出优化措施，帮助企业提升运营效率和风险管理水平。

(二) 人工智能和机器学习的集成

人工智能和机器学习的集成正在变革内部审计的工作方式，显著提升了审计的效率和准确性。人工智能技术通过模拟人类智能进行数据处理和决策分析，能够快速、准确地处理海量数据，发现数据中的模式和异常。例如人工智能可以通过自然语言处理技术分析企业的文本数据，如合同、邮件和报告，识别潜在的风险和问题。机器学习技术则通过对历史数据的学习和训练，建立预测模型，能够自动识别和预测未来可能发生的风险和问题。

人工智能和机器学习的集成使内部审计更加智能化和自动化。通过人工智能技术，内部审计可以实现自动化的数据采集和处理，减少手工操作和人为错误。例如审计师可以使用机器人流程自动化（RPA）技术，自动从企业的财务系统和运营系统中提取数据，进行数据处理和分析，提高数据处理的效率和准确性。机器学习技术还可以自动分析数据中的模式和异常，发现潜在的风险和问题。

人工智能和机器学习的集成还可以提升内部审计的预测能力和风险评估能力。通过对历史数据的学习和训练，人工智能和机器学习技术可以建立预测模型，预测未来可能发生的风险和问题。例如通过分析企业的销售数据和市场数据，人工智能可以预测市场需求变化和销售趋势，帮助企业调整市场策略和销售计划。机器学习技术还可以进行风险评估，通过分析企业的运营数据和财务数据，评估企业面临的各类风险，如财务风险、运营风险和市场风险等，为企业的风险管理提供科学依据。通过人工智能和机器学习的集成，内部审计能够更加智能化和自动化地识别和评估风险，提高审计的效率和效果，帮助企业提升风险管理水平和运营效率。

(三) 区块链技术对审计透明度的提升

区块链技术对审计透明度的提升具有重要意义。区块链是一种分布式账本技术，通过加密算法和共识机制，实现数据的透明、不可篡改和可追溯。区块链技术的这些特性使其在审计中具有广泛的应用前景。区块链技术可以实现数据的透明和不可篡改，确保审计数据的真实性和可靠性。通过区块链技术，企业的财务数据和交易数据可以记录在区块链上，所有数据的变更和交易记录都可以实时、透明地展示，审计师可以随时查询和验证数据的真实性，确保审计数据的完整性和透明性。

区块链技术还可以提高审计的效率和准确性。传统的审计通常依赖于手工检查和验证，耗时费力，且容易出现人为错误。通过区块链技术，审计师可以实现自动化的数据采集和验证，减少手工操作和人为错误。例如审计师可以使用智能合约技术，自动执行审计程序和验证规则，快速、准确地验证交易数据和财务数据，提高审计的效率和准确性。区块链技术还可以实现审计数据的实时共享和协作，审计师可以与企业的各个部门和外部审计机构实时共享数据，协同开展审计工作，提高审计的协同效率和效果。

区块链技术的应用还可以提高审计的可追溯性和责任追究能力。通过区块链技术，所有的数据变更和交易记录都可以追溯到具体的操作人和操作时间，审计师可以清楚地了解数据的生成和变更过程，发现潜在的风险和问题。例如通过区块链技术，审计师可以追溯企业的资金流动和交易过程，发现异常交易和潜在的舞弊行为，及时采取措施防范风险。区块链技术的可追溯性还可以提高责任追究能力，审计师可以明确责任人，确保责任追究的准确性和公平性。通过区块链技术，内部审计能够实现数据的透明、不可篡改和可追溯，提高审计的透明度和可靠性，帮助企业提升风险管理水平和运营效率。

（四）自动化审计工具的发展趋势

自动化审计工具的发展趋势正在变革内部审计的工作方式，显著提升了审计的效率和效果。自动化审计工具通过技术手段，实现审计过程的自动化和智能化，减少手工操作和人为错误，提高数据处理和分析的效率和准确性。机器人流程自动化（RPA）技术在内部审计中的应用广泛，RPA技术可以自动执行重复性、规则性和高频率的审计任务，如数据采集、数据处理和数据验证等。通过RPA技术，审计师可以实现自动化的数据采集和处理，减少手工操作和人为错误，提高数据处理的效率和准确性。

自动化审计工具的发展趋势还包括智能审计平台和软件的应用。智能审计平台和软件通过集成多种审计技术和工具，实现审计过程的全面自动化和智能化。智能审计平台和软件通常包括数据采集、数据处理、数据分析和报告生成等模块，审计师可以通过平台和软件，自动化地执行审计程序和分析数据。例如智能审计平台可以自动从企业的财务系统和运营系统中提取数据，进行数据处理和分析，生成审计报告和改进建议，提高审计的效率和效果。智能审计平台和软件还可以实现审计数据的实时共享和协作，审计师可以与企业的各个部门和外部审计机构实时共享数据，协同开展审计工作，提高审计的协同效率和效果。

自动化审计工具的发展趋势还包括人工智能和机器学习技术的集成。人工智能和机器学习技术可以通过对历史数据的学习和训练，建立预测模型和分析算法，实现审计过程的智能化和自动化。通过人工智能和机器学习技术，审计师可以自动识别和评估数据中的模式和异常，发现潜在的风险和问题。例如通过机器学习算法，审计师可以自动分析企业的交易数据和财务数据，发现异常交易和潜在的舞弊行为，及时采取措施防范风险。人工智能和机器学习技术还可以进行预测分析，通过对历史数据的学习和训练，预测未来可能发生的风险和问题，提前制定应对策略。通过自动化审计工具的发展，内部审计能够实现审计过程的自动化和智能化，提高审计的效率和效果，帮助企业提升风险管理水平和运营效率。

三、内部审计人员的专业发展与培训

（一）内部审计师的核心技能要求

内部审计师的核心技能要求包括多方面的知识和能力，以确保其能够有效地开展审计工作并应对复杂的审计环境。审计师需要具备扎实的审计专业知识，包括财务审计、运营审计、合规审计和信息系统审计等多个领域的知识。审计师需要熟悉审计标准和审计程序，了解相关的法律法规和行业标准，能够独立开展审计工作并提供专业的审计意见和建议。审计师还需要具备较强的风险管理能力，能够识别和评估企业面临的各类风险，提出相应的风险管理措施，帮助企业降低风险水平，提高风险应对能力。

除了专业知识，审计师还需要具备良好的分析能力和问题解决能力。审计工作需要审计师对大量的数据和信息进行分析和处理，识别潜在的问题和风险，并提出改进建议。审计师需要具备较强的数据分析能力，能够使用数据分析工具和技术，进行数据挖掘和统计分析，发现数据中的规律和异常。审计师还需要具备较强的问题解决能力，能够根据审计发现，提出切实可行的改进措施，帮助企业解决实际问题，提升管理水平和运营效率。

沟通和协调能力也是内部审计师的重要技能。审计工作需要审计师与企业的各个部门和管理层保持良好的沟通，获取必要的信息和支持，确保审计工作的顺利进行。审计师需要具备良好的沟通技巧，能够清晰、准确地表达审计发现和改进建议，与被审计部门建立良好的合作关系，推动改进措施的实施。审计师还需要具备较强的协调能力，能够协调各方利益，平衡各方需求，确保审计工作的客观性和公正性。

（二）持续专业教育与培训计划

持续专业教育与培训计划是确保内部审计师保持专业知识和技能更新的重要手段。现代企业的审计环境和风险状况不断变化，审计师需要通过持续的专业教育和培训，更新知识储备，提升专业能力，以应对新的审计挑战和需求。持续专业教育与培训计划通常包括定期的专业培训、学术交流和资格认证等多个方面，确保审计师能够不断学习和进步，保持专业素养和职业竞争力。

定期的专业培训是持续专业教育的重要组成部分。审计师需要参加各类专业培训课程，学习最新的审计技术和方法，了解行业发展的最新动态和趋势。专业培训课程通常包括财务审计、运营审计、合规审计和信息系统审计等多个领域的内容，帮助审计师全面提升专业知识和技能。审计师还需要学习数据分析、风险管理和内部控制等相关领域的知识，提升综合能力，为企业提供更高质量的审计服务。通过定期的专业培训，审计师能够保持知识的更新和技能的提升，提高审计工作的效率和效果。

学术交流是持续专业教育的另一个重要方面。审计师需要积极参与各类学术交流活动，如行业会议、学术论坛和研讨会等，与同行交流经验和心得，分享审计实践中的成功案例和教训。学术交流活动为审计师提供了一个学习和交流的平台，帮助其了解行业发展的最新动态，获取前沿的审计技术和方法，提升专业能力和视野。

资格认证是持续专业教育的重要手段，通过资格认证，审计师能够获得专业认可和社会认可，提升职业地位和公信力。国际注册内部审计师（CIA）资格认证是内部审计领域的重要认证，审计师需要通过严格的考试和评审，证明其具备专业知识和技能，能够独立开展审计工作。除了 CIA 认证，审计师还可以通过其他专业认证，如信息系统审计师认证（CISA）和反欺诈审计师认证（CFE）等，提升专业能力和职业竞争力。

（三）跨领域知识和技能的整合

跨领域知识和技能的整合是现代内部审计师专业发展的重要方向。随着企业运营环境的复杂化和多样化，内部审计师需要具备多领域的知识和技能，能够全面、深入地评估企业的风险和内部控制，提供综合性的审计服务。跨领域知识和技能的整合包括财务审计、运营审计、合规审计和信息系统审计等多个领域的知识，帮助审计师全面提升专业能力，应对复杂的审计环境和风险状况。

内部审计师需要具备财务审计和运营审计的知识和技能。财务审计是内部审计的基础，审计师需要熟悉财务报表和会计准则，能够独立进行财务数据的审计和分析，发现潜在的财务风险和问题。运营审计则关注企业的业务流程和运营效率，审计师需要了解企业的运营模式和管理流程，能够评估运营活动的效率和效果，提出改进建议，提升企业的运营管理水平。

合规审计和信息系统审计是现代内部审计的重要组成部分，审计师需要具备相关的知识和技能，能够评估企业的合规风险和信息系统风险。合规审计关注企业在法律法规和行业标准方面的合规性，审计师需要了解相关的法律法规和合规要求，能够评估企业的合规管理体系，发现潜在的合规风险和问题。信息系统审计则关注企业的信息系统和数据安全，审计师需要了解信息系统的运行原理和安全管理，能够评估信息系统的安全性和可靠性，提出改进建议，提升企业的信息安全管理水平。

跨领域知识和技能的整合还要求审计师具备较强的学习能力和适应能力，能够不断学习和掌握新的知识和技能。现代企业的审计环境和风险状况不断变化，审计师需要通过持续的专业教育和培训，更新知识储备，提升专业能力。审计师还需要积极参与学术交流和行业活动，了解行业发展的最新动态和趋势，获取前沿的审计技术和方法。通过跨领域知识和技能的整合，内部审计师能够全面提升专业能力和职业竞争力，为企业提供高质量的审计服务，推动企业的持续健康发展。

（四）内部审计职业发展的路径和挑战

内部审计职业发展的路径和挑战是审计师需要面对的重要问题。随着企业对内部审计需求的不断提升，内部审计师的职业发展路径也变得多样化和复杂化。内部审计师可以通过不断提升专业能力和职业素养，实现职业发展的路径。审计师需要通过持续的专业教育和培训，更新知识储备，提升专业能力，通过资格认证和学术交流，获得专业认可和社会认可，提升职业地位和公信力。通过不断提升专业能力和职业素养，审计师能够在内部审计领域实现职业发展，成为企业的重要管理人员和决策者。

内部审计职业发展的另一个路径是多领域知识和技能的整合。随着企业运营环境的复杂化和多样化，内部审计师需要具备多领域的知识和技能，能够全面、深入地评估企业的风险和内部控制，提供综合性的审计服务。审计师需要通过跨领域的学习和实践，掌握财务审计、运营审计、合规审计和信息系统审计等多个领域的知识，提升综合能力，为企业提供高质量的审计服务。通过多领域知识和技能的整合，审计师能够在内部审计领域实现职业发展，成为企业的重要管理人员和决策者。

内部审计职业发展面临的主要挑战包括不断变化的审计环境和风险状况，以及企业对审计需求的不断提升。现代企业的审计环境和风险状况不断变化，审计师需要具备较强的学习能力和适应能力，能够不断学习和掌握新的知识和技能，应对新的审计挑战和需求。企业对内部审计需求的不断提升，要求审计师具备较强的综合能力和职业素养，能够提供高质量的审计服务。审计师还需要面对职业发展的竞争压力，提升职业能力和竞争力，实现职业发展。

四、未来内部审计的展望与策略

(一) 内部审计的战略转型

内部审计的战略转型是未来审计发展的重要趋势。随着企业运营环境的变化和风险管理需求的提升,内部审计需要从传统的财务审计和合规审计转向更加全面和战略性的审计模式。审计师需要关注企业的战略目标和业务发展,评估企业的战略执行情况,提出改进建议,帮助企业实现战略目标。内部审计的战略转型要求审计师具备较强的战略思维和业务理解能力,能够从全局角度评估企业的运营和管理,提供有价值的审计服务。

内部审计的战略转型还要求审计师具备较强的创新能力和风险管理能力。现代企业的审计环境和风险状况不断变化,审计师需要通过创新审计方法和技术,提升审计的效率和效果。审计师需要掌握大数据分析、人工智能和区块链等新技术,应用于审计工作,提高数据处理和分析的效率和准确性。审计师还需要具备较强的风险管理能力,能够识别和评估企业面临的各类风险,提出相应的风险管理措施,帮助企业降低风险水平,提高风险应对能力。通过战略转型,内部审计能够提升企业的风险管理水平和运营效率,实现持续健康发展。

(二) 风险导向审计的深化

风险导向审计的深化是未来内部审计发展的重要方向。随着企业面临的风险环境日益复杂多变,内部审计需要更加关注企业的风险管理,深入评估和管理各类风险。风险导向审计的深化要求审计师在审计过程中以风险为导向,识别和评估企业面临的重大风险,制定相应的审计计划和程序,确保审计资源的有效配置。通过风险导向审计,审计师能够全面、深入地评估企业的风险状况,发现潜在的问题和风险,提出改进建议,帮助企业提升风险管理水平。

风险导向审计的深化还需要审计师具备较强的风险识别和评估能力。审计师需要通过多种方法和工具,全面评估企业的风险状况,包括财务风险、运营风险、合规风险和市场风险等。审计师需要掌握大数据分析和人工智能等新技术,进行数据挖掘和分析，发现数据中的规律和异常，识别潜在的风险和问题。审计师还需要具备较强的沟通和协调能力，与企业的各个部门和管理层保持良好的沟通，了解企业的风险管理需求，提供有针对性的审计服务。通过风险导向审计，审计师能够帮助企业建立和完善风险管理体系，提升企业的风险应对能力。

（三）内部审计与企业风险管理的协同

内部审计与企业风险管理的协同是未来内部审计发展的重要方向。现代企业面临的风险环境日益复杂多变，内部审计需要与企业的风险管理部门紧密合作，共同推动企业的风险管理工作。内部审计与风险管理的协同要求审计师在审计过程中关注企业的风险管理体系，评估其有效性和适应性，提出改进建议，帮助企业完善风险管理体系。审计师需要与风险管理部门保持良好的沟通和协作，了解企业的风险管理需求，共同制定和实施风险管理措施，提升企业的风险应对能力。

内部审计与风险管理的协同还要求审计师具备较强的风险管理能力和沟通协调能力。审计师需要掌握风险管理的理论和方法，能够独立评估企业的风险状况，提出相应的风险管理措施。审计师还需要具备较强的沟通和协调能力，与企业的风险管理部门和管理层保持良好的沟通，了解企业的风险管理需求，提供有针对性的审计服务。通过与风险管理的协同，审计师能够全面评估企业的风险状况，发现潜在的问题和风险，提出改进建议，帮助企业提升风险管理水平。

未来内部审计与风险管理的协同还需要企业管理层的支持和配合。企业管理层需要重视内部审计与风险管理的协同作用，为审计师提供必要的资源和支持，确保审计工作的顺利进行。审计师需要积极与管理层沟通，了解企业的风险管理需求，提供有针对性的审计服务。通过与风险管理的协同，审计师能够全面评估企业的风险状况，发现潜在的问题和风险，提出改进建议，帮助企业提升风险管理水平。通过内部审计与风险管理的协同，企业能够建立和完善风险管理体系，提升风险应对能力，实现持续健康发展。

（四）内部审计在企业价值创造中的角色

内部审计在企业价值创造中的角色日益重要。随着企业对内部审计需求的不断提升，审计师需要从传统的财务审计和合规审计转向更加全面和战略性的审计模式，关注企业的运营效率和战略目标实现，提供有价值的审计服务。内部审计在企业价值创造中的角色要求审计师具备较强的业务理解能力和战略思维，能够从全局角度评估企业的运营和管理，发现潜在的问题和改进机会，提出切实可行的改进建议，帮助企业提升运营效率和管理水平，实现战略目标。

内部审计在企业价值创造中的角色还需要审计师具备较强的创新能力和风险管理能力。现代企业的审计环境和风险状况不断变化，审计师需要通过创新审计方法和技术，提升审计的效率和效果。审计师需要掌握大数据分析、人工智能和区块链等新技术，应用于审计工作，提高数据处理和分析的效率和准确性。审计师还需要具备较强的风险管理能力，能够识别和评估企业面临的各类风险，提出相应的风险管理措施，帮助企业降低风险水平，提高风险应对能力。通过创新和风险管理，内部审计能够为企业创造更多的价值，提升企业的管理水平和运营效率。

第三章 财务管理与内部审计的整合机制

❖ 第一节 财务管理与内部审计的协同效应

财务管理与内部审计的协同效应是企业在实现战略目标过程中不可或缺的一部分。财务管理主要负责企业的资金运作、预算编制、成本控制和财务分析,其目标是确保企业资源的有效配置和利用,实现利润最大化。内部审计则侧重于评估和改进风险管理、控制和治理过程,以确保企业运营的合法性和效率。这两者在企业管理中的角色虽然不同,但其最终目标是一致的,即提升企业整体绩效和价值。

通过有效的协同,财务管理和内部审计可以形成互补关系,增强企业的内部控制和风险管理能力,提升财务透明度和决策的科学性。信息共享是实现协同效应的基础。财务管理和内部审计部门需要建立畅通的信息交流渠道,及时共享财务数据、风险评估报告和控制流程等关键信息。这不仅有助于提高审计效率,也能使财务决策更加精准。协同工作机制的建立是关键。财务管理在制定预算和进行成本控制时,可以借助内部审计的风险评估和控制建议,优化资源配置,避免潜在的财务风险。内部审计在审计过程中也可以利用财务管理提供的详细财务数据,进行更深入的分析和评估。

绩效考核机制的整合能进一步增强协同效应。通过共同制定绩效指标和考核标准,财务管理和内部审计可以更好地协调工作,确保各项财务和审计活动的目标一致性和可衡量性。风险管理机制的协同也至关重要。财务管理部门可以与内部审计合作,共同识别和评估企业面临的各类风险,制定全面的风险应对策略,确保企业在复杂多变的市场环境中稳健运营。财务管理与内部审计的协同效应不仅能够提升企业的财务管理水平和内部控制能力,还能增强风险管理和合规性,最终实现企业整体价值的提升。在实际操作中,企业需要不断优化协同机制,促进两者之间的深度合作，以应对不断变化的市场和监管环境。

一、财务管理与内部审计的目标一致性

（一）提升企业整体绩效

财务管理和内部审计在提升企业整体绩效方面具有高度一致的目标。财务管理通过预算编制、资金筹措、成本控制和财务分析，确保企业资源得到有效配置和利用，从而最大化企业利润。由此内部审计通过评估和改进风险管理、控制和治理过程，确保企业运营的合法性和效率。两者的协同作用可以形成一个完善的内部控制体系，使企业能够在复杂多变的市场环境中保持竞争力和持续发展。例如财务管理部门在制定预算和控制成本时，可以借助内部审计的风险评估和控制建议，优化资源配置，避免潜在的财务风险。这种协同效应不仅能够提升企业的财务管理水平，还能增强企业整体绩效。

（二）保障财务透明度

财务透明度是企业治理的重要组成部分，直接关系到企业的市场信誉和投资者信心。财务管理和内部审计在保障财务透明度方面具有共同的目标和责任。财务管理部门通过规范财务报告、严格执行财务政策和标准，确保财务信息的真实性和完整性。内部审计则通过独立客观的审计工作，检查财务报告的准确性和合法性，发现并纠正潜在的问题和错误。两者的紧密合作可以建立一个高效的内部控制和监督机制，确保财务信息的透明和可靠。

（三）优化资源配置

优化资源配置是财务管理和内部审计共同追求的目标之一。财务管理通过科学的预算编制和资金筹措，确保企业资源得到最有效的利用，以实现企业的战略目标。内部审计通过对资源配置过程的监督和评估，确保资源配置的合理性和有效性，防止资源浪费和滥用。

（四）确保合规性和合法性

确保企业运营的合规性和合法性，是财务管理和内部审计共同的核心目标。财务管理部门通过严格执行财务政策和标准，确保企业的财务活动符合相关法律法规和内部控制要求。内部审计则通过独立的审计工作，评估企业的合规情况，发现并纠正潜在的违法违规行为。两者的协同作用，可以建立一个全面的合规管理体系，确保企业在复杂多变的法律环境中保持合法合规运营。例如内部审计可以通过合规审计，发现企业在财务管理和运营中的合规风险，并提出改进建议。财务管理部门可以根据内部审计的建议，完善财务政策和流程，增强合规管理能力。财务管理与内部审计的协同工作，不仅可以提升企业的合规性和合法性，还能增强企业的市场信誉和社会责任感，为企业的可持续发展提供保障。

二、两者在企业管理中的互补作用

（一）加强内部控制

财务管理和内部审计在企业管理中的互补作用首先体现在加强内部控制方面。财务管理部门通过制定和执行财务政策、预算和内部控制程序，确保企业资源的有效管理和使用。内部审计通过定期检查和评估这些内部控制程序，确保其有效性和适用性。例如财务管理部门可以制订详细的成本控制计划，而内部审计可以通过审计项目评估成本控制的执行情况，发现潜在的问题和不足，并提出改进建议。两者的协同工作可以形成一个闭环的内部控制体系，确保企业在资源使用、财务报告和运营管理等方面的规范性和有效性，从而提升企业的管理水平和竞争力。

（二）提升风险管理能力

在现代企业管理中，风险管理的重要性日益凸显。财务管理和内部审计在提升企业风险管理能力方面具有互补作用。财务管理部门通过全面的财务分析和预测，识别和评估企业面临的财务风险，并制定相应的风险管理策略。内部审计通过独立的审计工作，评估企业的风险管理体系，检查风险控制措施的有效性，发现并纠正潜在的风险隐患。内部审计也可以根据财务管理提供的财务数据和分析结果，进行更深入的风险评估和审计工作。两者的协同工作可以形成一个完善的风险管理体系，确保企业在复杂多变的市场环境中保持稳健运营。

（三）优化决策支持

财务管理和内部审计在优化企业决策支持方面具有显著的互补作用。财务管理部门通过财务分析和报告，为企业管理层提供全面的财务信息和决策支持。内部审计通过审计工作，提供独立客观的审计报告和改进建议，帮助企业管理层做出科学合理的决策。内部审计通过评估企业的内部控制和风险管理，发现潜在的问题和风险，并提出改进建议，为企业管理层提供决策参考。两者的协同工作可以形成一个全面的决策支持体系，确保企业管理层在做出重大决策时，能够充分考虑各方面的信息和建议，从而提高决策的科学性和有效性。

（四）促进绩效改进

财务管理和内部审计在促进企业绩效改进方面也具有互补作用。财务管理部门通过制定和执行预算、成本控制和绩效考核等措施，确保企业资源的高效利用和运营效率。内部审计通过评估和改进企业的内部控制和风险管理，发现和纠正潜在的问题和不足，促进企业绩效的持续改进。例如内部审计可以通过审计项目评估企业各部门的绩效，发现绩效管理中的问题和不足，并提出改进建议。财务管理部门可以根据内部审计的建议，调整绩效考核和管理措施，提升企业的整体绩效。两者的协同工作可以形成一个闭环的绩效管理体系，确保企业在资源利用、运营管理和绩效考核等方面的规范性和有效性，从而提升企业的整体绩效和竞争力。

三、协同机制下的信息共享与沟通

（一）建立高效信息交流渠道

信息共享与沟通是财务管理与内部审计实现协同效应的关键。为了实现这一目标，首先需要建立高效的信息交流渠道。企业应当制定明确的信息共享政策和流程，确保财务管理和内部审计部门能够及时、准确地交换信息。例如企业可以通过建立内部信息共享平台，实现财务数据、审计报告和风险评估结果的实时共享。企业还可以定期组织财务管理和内部审计的联合会议，讨论财务管理和内部审计中的重要事项和问题，确保双方能够充分了解彼此的工作和需求。这种高效的信息交流渠道，不仅能够提高财务管理和内部审计的协同工作效率，还能增强两者之间的信任和合作，从而提升企业的整体管理水平。

（二）共享财务数据和分析报告

共享财务数据和分析报告是实现财务管理与内部审计协同效应的重要手段。财务管理部门在日常工作中积累了大量的财务数据和分析报告，这些数据和报告对于内部审计的审计工作具有重要的参考价值。例如财务管理部门可以定期向内部审计提供详细的财务报表、预算执行情况和财务分析报告，帮助内部审计更好地评估企业的财务状况和内部控制。内部审计在审计过程中也会生成大量的审计报告和风险评估结果，这些报告和结果对于财务管理的决策支持具有重要的作用。财务管理部门可以根据内部审计的报告和建议，调整财务政策和管理措施，优化资源配置和风险管理。通过共享财务数据和分析报告，财务管理和内部审计可以形成信息共享和互补的工作机制，提升企业的整体管理水平和运营效率。

（三）定期召开协同会议

定期召开协同会议是财务管理与内部审计实现信息共享和沟通的重要形式。企业应当制定明确的协同会议制度，定期组织财务管理和内部审计部门的联合会议，讨论和解决工作中的重要问题和事项。例如企业可以每季度召开一次协同会议，总结和分析财务管理和内部审计的工作成果，讨论和解决工作中的问题和困难，制订和调整下一步的工作计划和目标。这种定期的协同会议，不仅能够提高财务管理和内部审计的工作协调性和效率，还能增强两者之间的沟通和理解，促进双方的合作和信任。通过定期召开协同会议，财务管理和内部审计可以形成高效的沟通和协作机制，提升企业的整体管理水平和运营效率。具体财务管理与内部审计定期协同会议概述如表 3-1 所示。

表 3-1 财务管理与内部审计定期协同会议概述表

会议内容	描述
协同会议制度	制定明确的制度，定期组织财务管理和内部审计部门的联合会议，确保信息共享和沟通。
会议频率	每季度召开一次协同会议，讨论和解决工作中的重要问题和事项。
会议议题	总结和分析财务管理与内部审计的工作成果，讨论和解决工作中的问题和困难，制订和调整下一步的工作计划和目标。
会议目的	提高财务管理和内部审计的工作协调性和效率，增强两者之间的沟通和理解，促进合作和信任。
会议效果	通过定期协同会议，形成高效的沟通和协作机制，提升企业的整体管理水平和运营效率。

（四）制定信息共享制度和流程

制定信息共享制度和流程是确保财务管理与内部审计实现高效协同的基础。企业应当制定明确的信息共享政策和制度，规定财务管理和内部审计在信息共享中的职责和流程。例如企业可以制定信息共享协议，明确财务管理和内部审计在信息共享中的权利和义务，规定信息共享的范围、内容和时间。企业还可以制定信息共享的操作流程，规定信息共享的具体步骤和方法，确保信息共享的及时性和准确性。通过制定信息共享制度和流程，企业可以建立一个规范的信息共享机制，确保财务管理和内部审计在信息共享中的顺畅和高效，从而提升两者的协同工作效率和企业的整体管理水平。

制定信息共享协议是信息共享制度和流程的基础。信息共享协议应当明确财务管理和内部审计在信息共享中的具体职责和权利，确保双方在信息共享中的合作和信任。信息共享协议应包括以下几个方面的内容：明确信息共享的范围和内容。企业应当规定哪些信息需要共享，信息共享的具体形式和时间。例如财务管理部门需要定期向内部审计提供财务报表、预算执行情况和财务分析报告，内部审计需要向财务管理部门提供审计报告和风险评估结果。例如规定信息共享的权利和义务。企业应当明确财务管理和内部审计在信息共享中的具体权利和义务，确保双方在信息共享中的平等和互利。例如财务管理部门有权利获取内部审计的审计报告和建议，内部审计有权利获取财务管理的财务数据和分析报告。规定信息共享的保密性和安全性。

通过制定信息共享制度和流程，企业可以建立一个规范的信息共享机制，确保财务管理和内部审计在信息共享中的顺畅和高效。规范的信息共享机制不仅能够提高财务管理和内部审计的协同工作效率，还能增强两者之间的信任和合作，从而提升企业的整体管理水平。例如财务管理部门在制定预算和进行成本控制时，可以借助内部审计的风险评估和控制建议，优化资源配置，避免潜在的财务风险。

内部审计在审计过程中也可以利用财务管理提供的详细财务数据，进行更深入的分析和评估，发现潜在的问题和风险。规范的信息共享机制还能够提高企业的决策支持和风险管理能力。财务管理部门和内部审计通过共享财务数据和分析报告，可以为企业管理层提供全面的财务信息和决策支持，帮助企业管理层做出科学合理的决策。例如财务管理部门可以通过预算编制和财务分析，预测企业的财务状况和发展趋势，为企业制定发展战略和投资决策提供支持。内部审计通过评估企业的内部控制和风险管理，发现潜在的问题和风险，并提出改进建议，为企业管理层提供决策参考。

❖ 第二节 内部审计在财务管理中的监督作用

内部审计在财务管理中的监督作用至关重要，主要体现在保障财务报告的准确性、提升内部控制的有效性，以及强化风险管理和合规性方面。内部审计通过独立、客观的审计活动，确保财务报告的真实性和完整性。财务报告是企业对外披露财务状况和经营成果的重要手段，直接关系到企业的市场信誉和投资者信心。内部审计通过审查财务报告的编制过程、核实财务数据的准确性，发现并纠正潜在的错误和不实陈述，从而提高财务信息的可靠性。

例如，内部审计在提升内部控制的有效性方面发挥着关键作用。内部控制是企业为确保业务活动的合法性、财务信息的可靠性、资产的安全性以及提高运营效率而制定和执行的一系列控制措施。内部审计通过定期评估内部控制系统，检查其设计和执行的有效性，识别控制中的缺陷和薄弱环节，并提出改进建议。例如内部审计可以通过对企业采购流程的审计，发现审批权限不清、采购记录不全等问题，并建议完善相关控制措施。内部审计还可以通过跟踪审计，检查改进措施的落实情况，确保内控缺陷得到及时有效的纠正。通过这种持续的监督和改进，内部审计能够帮助企业建立和维护高效的内部控制体系，防止舞弊和错误的发生，提高企业的管理水平和运营效率。

内部审计在支持财务决策方面也发挥着重要作用。内部审计通过深入的审计分析和评估，为企业管理层提供有价值的决策支持信息。例如内部审计可以通过成本控制审计，发现企业在生产经营过程中存在的成本浪费和不合理开支，并提出降低成本、提高效率的建议。管理层可以根据这些审计发现和建议，制定和调整相关决策，优化资源配置，提高企业的经济效益。内部审计还可以通过绩效审计，评估企业各项业务活动的绩效，发现绩效管理中的问题和不足，并提出改进建议。管理层可以根据这些审计结果，优化绩效考核和激励机制，提高员工的工作积极性和企业的整体绩效。通过这种决策支持，内部审计能够帮助企业管理层做出更加科学、合理的财务决策，推动企业实现战略目标。

一、内部审计对财务活动的合规性监督

（一）审查财务报告的合法性

内部审计在确保财务报告的合法性方面起着至关重要的作用。财务报告是企业对外披露财务状况和经营成果的主要手段，其合法性直接关系到企业的市场信誉和投资者信心。内部审计通过独立、客观的审计活动，审查财务报告的编制过程，核实财务数据的真实性和完整性，确保其符合相关法律法规和会计准则。例如内部审计可以通过检查企业的财务报表，验证收入确认、成本核算和资产计量等方面的准确性和合法性，发现并纠正潜在的错误和不实陈述，从而提高财务信息的可靠性和透明度。具体内部审计在确保财务报告合法性中的作用如表 3-2 所示。

表 3-2 内部审计在确保财务报告合法性中的作用

审计内容	描述
审查财务报告编制过程	审查财务报告的编制过程，确保其符合相关法律法规和会计准则。
核实财务数据真实性和完整性	独立、客观地核实财务数据的真实性和完整性，确保财务报告的准确性。
检查关键财务项目	检查收入确认、成本核算和资产计量等关键财务项目的准确性和合法性，确保财务信息的可靠性。
发现并纠正错误	发现并纠正财务报告中的潜在错误和不实陈述，提高财务信息的透明度和合法性。
提高财务报告透明度	通过审计活动，提高财务报告的透明度和合法性，增强企业市场信誉和投资者信心。

（二）监控财务流程的合规性

内部审计在监控财务流程的合规性方面发挥着关键作用。企业的财务流程包括预算编制、资金筹措、成本控制、财务结算等环节，每个环节都需要严格遵守相关法律法规和内部控制制度。内部审计通过对财务流程的全程监控和评估，确保各项财务活动的合法合规。例如内部审计可以通过审计企业的采购和付款流程，检查采购审批、合同管理和付款记录等环节的合规性，发现并纠正流程中的不合规行为，防止舞弊和违规操作，保障企业资金的安全和使用的合法性[1]。

（三）确保税务处理的准确性

内部审计在确保税务处理的准确性方面具有重要作用。税务处理的合法合规直接关系到企业的财务风险和法律风险，税务违规可能导致企业面临高额罚款和法律诉讼。内部审计通过对企业税务处理的审查和评估，确保税务申报、纳税计算和税务筹划的准确性和合法性。例如内部审计可以通过审查企业的税务申报表和纳税凭证，检查增值税、所得税等各项税款的计算和申报是否符合税法规定，

---

[1] 韩纪梅.浅谈以网络为基础的财会管理与内部审计的创新分析［J］.母婴世界，2015（10）：6-8.

发现并纠正税务处理中的错误和违规行为，确保企业的税务合规性和财务安全。

二、内部审计在财务风险管理中的角色

（一）识别财务风险因素

内部审计在财务风险管理中的首要角色是识别财务风险因素。现代企业面临着复杂多变的市场环境和日益严格的法律法规要求，财务风险的种类和来源也愈加多样化。内部审计通过系统的风险评估，识别企业面临的各类财务风险，包括流动性风险、信用风险、市场风险和操作风险等。例如内部审计可以通过审查企业的财务报表和经营活动，发现潜在的财务风险因素，如现金流紧张、应收账款拖欠、市场价格波动等，为企业的财务风险管理提供重要的参考和支持。

（二）评估风险管理措施的有效性

在识别财务风险因素之后，内部审计还负责评估企业现有风险管理措施的有效性。风险管理措施的有效性直接关系到企业应对和控制财务风险的能力。内部审计通过独立、客观的审计工作，评估企业的风险管理策略、流程和控制措施，检查其设计和执行的有效性。例如内部审计可以通过审查企业的风险管理政策、内部控制制度和风险控制流程，评估其在识别、评估、应对和监控财务风险方面的有效性，发现并纠正风险管理中的不足和缺陷，提出改进建议，帮助企业建立和完善有效的风险管理体系。

（三）提出风险控制建议

内部审计在评估风险管理措施有效性的基础上，还负责提出具体的风险控制建议。风险控制建议是内部审计为企业提供的重要价值之一，有助于企业完善风险管理体系，提升风险应对能力。内部审计通过深入的审计分析和评估，结合企业的实际情况，提出切实可行的风险控制建议。例如内部审计可以根据风险评估结果，建议企业加强现金流管理，优化融资结构，制定应对市场价格波动的策略，完善信用风险管理措施等。通过这些具体的风险控制建议，内部审计能够帮助企业更好地识别和应对财务风险，保障企业的财务安全和可持续发展。

（四）跟踪风险管理改进情况

内部审计在财务风险管理中的最后一个关键角色是跟踪风险管理改进情况。内部审计不仅仅是提出风险控制建议，还需要确保这些建议能够得到有效实施和持续改进。通过跟踪审计，内部审计可以评估企业在实施风险管理措施方面的进展和效果，确保风险管理措施的有效落实。例如内部审计可以通过定期检查和评估，跟踪企业在改进现金流管理、优化融资结构、应对市场价格波动等方面的进展，发现并纠正改进过程中的问题和不足，确保风险管理措施的持续有效。通过这种持续的跟踪和改进，内部审计能够帮助企业建立和维护一个高效的财务风险管理体系，提升企业的财务安全和运营效率。

三、内部审计对财务绩效的评价与反馈

（一）分析财务绩效指标

内部审计在对财务绩效的评价与反馈中，首先需要对财务绩效指标进行深入分析。财务绩效指标是企业衡量经营成果和财务状况的重要工具，内部审计通过对这些指标的分析，评估企业的财务健康状况和运营效率。例如内部审计可以通过分析企业的利润率、资产回报率、流动比率、负债比率等财务绩效指标，发现企业在盈利能力、资产利用效率、流动性管理和负债水平等方面的优势和不足，为企业的财务绩效管理提供客观、准确的评价。具体内部审计对财务绩效评价与反馈如表 3-3 所示。

表 3-3 内部审计对财务绩效的评价与反馈

财务绩效指标	分析内容	评价与反馈
利润率	分析企业的盈利能力，通过净利润与收入的比率评估企业的盈利状况。	评估企业的盈利水平，发现企业在盈利能力方面的优势或不足，并提出改进建议。
资产回报率	评估企业资产的利用效率，通过净利润与总资产的比率来衡量企业的资产使用效果。	发现企业在资产管理和利用效率方面的优劣势，并提供相应的改进意见。
流动比率	分析企业的流动性管理，通过流动资产与流动负债的比率评估企业的短期偿债能力。	提供关于企业流动性管理的反馈，帮助企业提高短期资金管理的效率。

（二）评估成本控制效果

成本控制是财务管理的重要内容，内部审计在评估财务绩效时，需要重点关注企业的成本控制效果。通过成本控制审计，内部审计可以评估企业在生产经营过程中各项成本费用的管理和控制情况，发现和纠正成本管理中的问题和不足。例如内部审计可以通过审查企业的成本核算和控制流程，检查各项成本费用的合理性和有效性，发现成本浪费、不合理开支等问题，并提出相应的改进建议，帮助企业提高成本控制水平，优化资源配置，提升经济效益。

（三）反馈预算执行情况

预算执行情况是反映企业财务绩效的重要指标，内部审计在评价财务绩效时，需要对企业的预算执行情况进行全面评估。通过预算执行审计，内部审计可以检查企业在预算编制、执行和控制方面的有效性，发现和纠正预算管理中的问题和偏差。例如内部审计可以通过审查企业的预算执行报告和实际支出情况，评估预算目标的实现情况，发现预算超支、预算执行偏差等问题，并提出改进建议，帮助企业完善预算管理体系，提高预算执行的准确性和有效性。

（四）提出绩效改进建议

在对财务绩效进行评价的基础上，内部审计还需要提出具体的绩效改进建议。绩效改进建议是内部审计为企业提升财务绩效和运营效率提供的重要支持。内部审计通过深入的审计分析和评估，结合企业的实际情况，提出切实可行的绩效改进建议。例如内部审计可以根据成本控制审计的结果，建议企业加强成本管理，优化生产流程，降低不合理开支；根据预算执行审计的结果，建议企业完善预算编制和控制流程，提高预算执行的准确性和有效性。通过这些具体的绩效改进建议，内部审计能够帮助企业不断提升财务管理水平，优化资源配置，增强市场竞争力，实现可持续发展。

四、提升内部审计监督效果的策略

(一) 加强审计人员专业培训

提升内部审计监督效果的关键在于提高审计人员的专业能力和素质。企业应当重视审计人员的专业培训，定期组织各类专业培训和学习活动，提高审计人员的专业知识和技能。例如企业可以通过内部培训、外部培训、继续教育等多种形式，加强审计人员在会计、审计、财务管理、风险管理等方面的专业知识和技能，提高其对复杂审计问题的分析和解决能力。通过加强审计人员专业培训，企业可以建立一支高素质、专业化的内部审计队伍，为提升内部审计监督效果提供有力保障。

(二) 优化审计流程和方法

优化审计流程和方法是提升内部审计监督效果的重要策略。企业应当根据实际情况，优化内部审计的流程和方法，提高审计工作的规范性和效率。例如企业可以通过制定和完善审计流程和操作手册，规范审计工作的各个环节，确保审计工作有序、高效地开展。企业还可以采用先进的审计方法和技术，如风险导向审计、数据分析审计等，提高审计工作的科学性和准确性。通过优化审计流程和方法，企业可以提升内部审计的工作效率和效果，为实现高效的内部审计监督提供支持。

(三) 利用先进的审计技术

利用先进的审计技术是提升内部审计监督效果的重要手段。随着信息技术的发展，现代审计工作逐渐向数字化、智能化方向发展。企业应当积极引入和应用先进的审计技术，提高审计工作的效率和效果。例如企业可以通过引入审计软件和数据分析工具，自动化处理审计数据，提高数据处理和分析的准确性和效率；通过应用大数据分析、人工智能等先进技术，提升审计工作的智能化水平，发现潜在的问题和风险。通过利用先进的审计技术，企业可以提升内部审计的工作效率和效果，实现更高效、更精准的审计监督。

审计软件和数据分析工具的引入是提升内部审计效率和效果的关键。传统的审计方法往往依赖于手工操作和纸质文档，不仅耗时耗力，还容易出现数据遗漏和错误。而审计软件和数据分析工具的应用，可以实现审计数据的自动化处理，提高数据处理和分析的准确性和效率。例如企业可以使用审计软件进行财务数据的自动化审计，快速识别异常交易和潜在风险，生成详细的审计报告。这种自动化处理不仅可以大幅度缩短审计时间，还能提高审计结果的准确性和可靠性。数据分析工具可以帮助审计人员对大量财务数据进行深入分析，发现潜在的问题和趋势。例如通过数据挖掘和分析，审计人员可以识别出财务数据中的异常模式，发现可能的舞弊行为和财务风险，从而及时采取应对措施。

智能审计机器人也是提升内部审计效率和效果的重要手段。智能审计机器人可以通过自动化技术和智能算法，自动执行审计任务和数据分析，发现潜在的问题和风险。例如企业可以使用智能审计机器人，对大量的财务数据进行自动化审计，快速识别异常交易和高风险区域，生成详细的审计报告。这种自动化审计不仅可以大幅度提高审计效率，还能提高审计结果的准确性和可靠性。智能审计机器人还可以通过机器学习和智能算法，不断学习和优化审计模型，提升审计工作的智能化水平[1]。例如通过对历史审计数据和财务数据的学习，智能审计机器人可以建立智能审计模型，自动识别异常交易和潜在风险，生成智能审计报告，为企业提供全面、准确的审计支持。

网络安全技术也是提升内部审计效率和效果的重要保障。随着信息技术的发展，企业面临的网络安全风险日益增加，内部审计也需要加强对网络安全的监督和评估。例如企业可以通过引入先进的网络安全技术，对企业的网络系统和数据进行安全监控和评估，发现并防范潜在的网络安全风险。内部审计人员可以通过网络安全技术，实时监控和评估企业的网络安全状况，发现并纠正潜在的网络安全漏洞和风险，确保企业的信息系统和数据的安全性和完整性。网络安全技术还可以帮助内部审计人员对企业的网络安全策略和控制措施进行评估和改进，提升

---

[1] Wu H. Research on corporate governance and internal audit wisdom building under financial sharing model based on logistic modeling [J]. Applied Mathematics and Nonlinear Sciences, 2024, 9 (1).

企业的网络安全管理水平。例如企业可以通过网络安全技术，评估企业的网络安全策略和控制措施的有效性，发现并改进潜在的安全漏洞和风险，确保企业的信息系统和数据的安全性和可靠性。

（四）强化审计与财务部门的协作

强化内部审计与财务部门的协作是提升审计监督效果的重要策略。内部审计和财务管理在企业管理中具有不同的角色和职能，但其最终目标是一致的，即提升企业的管理水平和运营效率。企业应当建立和完善审计与财务部门的协作机制，促进双方的沟通和合作。例如企业可以定期组织内部审计与财务管理的联合会议，讨论和解决工作中的问题和困难；通过建立信息共享平台，实现财务数据、审计报告和风险评估结果的实时共享；通过制定协作机制和流程，确保双方在信息共享、工作协同和问题解决等方面的顺畅和高效。通过强化审计与财务部门的协作，企业可以提升内部审计的工作效果，增强财务管理的透明度和有效性，最终实现企业的整体管理目标。

定期组织内部审计与财务管理的联合会议是促进双方沟通和合作的重要手段。通过定期召开联合会议，内部审计和财务管理部门可以共同讨论和解决工作中的问题和困难，分享各自的工作进展和发现。例如在联合会议上，内部审计可以向财务管理部门汇报审计工作中发现的问题和风险，并提出改进建议；财务管理部门则可以向内部审计反馈其在执行财务政策和管理措施中遇到的挑战和需要支持的地方。这种定期的沟通和交流，不仅可以提高双方的工作协调性和效率，还能增强彼此的理解和信任，形成更加紧密的合作关系，从而提升企业的整体管理水平。

内部审计与财务管理的协作不仅可以提升审计监督的效果，还能增强财务管理的透明度和有效性。例如内部审计可以通过审计工作发现财务管理中的问题和风险，提出改进建议，帮助财务管理部门优化财务管理措施，提高财务管理的透明度和有效性。财务管理部门则可以通过与内部审计的协作，及时获取审计报告和风险评估结果，调整和优化财务政策和管理措施，防范和控制财务风险。例如在预算管理方面，内部审计可以通过审计检查，发现预算编制和执行中的问题和偏差，提出改进建议，帮助财务管理部门提高预算管理的准确性和有效性；财务管理部门可以根据内部审计的建议，完善预算编制和执行流程，优化资源配置，提升预算管理水平。

❖ 第三节 财务管理在内部审计中的支持功能

财务管理在内部审计中的支持功能至关重要，主要体现在提供准确的财务数据、协助风险评估、促进改进措施的实施以及优化资源配置方面。财务管理部门通过精确的财务数据和详尽的财务报告，为内部审计提供了基础信息，帮助其进行全面和准确的审计分析。例如预算报告、现金流量表和财务报表等都是内部审计的重要数据来源。这些数据不仅能够反映企业的财务状况和经营成果，还能揭示潜在的财务风险和管理问题。

例如财务管理部门在风险评估过程中起到协助作用。通过财务分析和预测，财务管理能够识别和量化企业面临的各种财务风险，为内部审计提供风险评估的依据。例如财务管理可以通过分析资金流动情况和财务比率，发现企业可能存在的流动性风险和偿债能力问题，从而帮助内部审计制订有针对性的审计计划和审计策略。财务管理部门在内部审计提出改进建议后，负责实施和跟踪改进措施，确保审计发现的问题得到有效解决。财务管理通过优化财务流程和内部控制，提升企业的管理水平和运营效率，从而支持内部审计的改进工作。

财务管理在资源配置优化方面发挥重要作用，通过合理的预算编制和资源分配，确保企业各项活动的高效进行，并为内部审计提供必要的资源支持。财务管理的支持功能不仅增强了内部审计的工作效果，也提升了企业的整体管理水平和运营效率，为企业的可持续发展提供了有力保障。通过紧密的协作，财务管理和内部审计能够形成合力，共同推动企业管理的持续改进和优化。

一、财务管理信息对内部审计的支持

（一）提供准确的财务报表

财务管理信息在内部审计中的支持首先体现在提供准确的财务报表上。财务

报表是企业财务状况、经营成果和现金流量的集中体现,内部审计通过对财务报表的审查和分析,可以全面了解企业的财务状况和经营成果。财务管理部门负责编制和提供准确、完整的财务报表,包括资产负债表、利润表和现金流量表。这些报表不仅反映了企业的财务健康状况,还揭示了企业在资源利用、盈利能力和资金流动等方面的具体情况。内部审计通过审查财务报表的编制过程和数据来源,确保财务信息的真实性和可靠性,从而为企业的财务管理和决策提供有力支持。具体流程如图 3-1 所示。

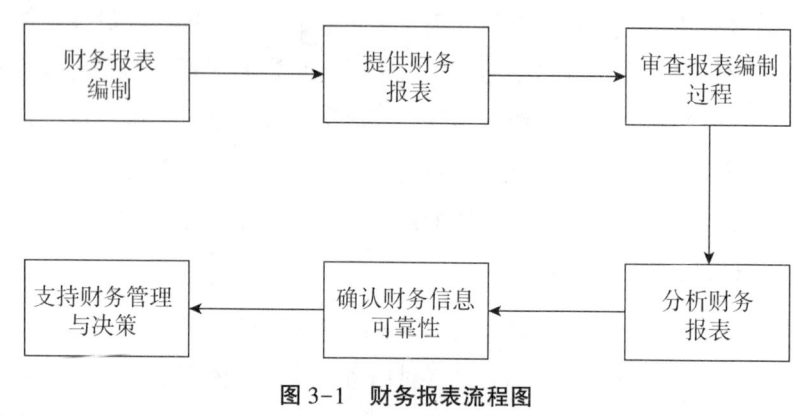

图 3-1 财务报表流程图

(二)共享预算和实际执行数据

财务管理信息对内部审计的支持还体现在预算和实际执行数据的共享上。预算是企业规划和控制财务活动的重要工具,反映了企业的经营目标和资源配置方案。财务管理部门编制详细的预算,涵盖收入、支出、投资等各个方面,为企业的财务管理和运营提供指导。内部审计在审计过程中,需要对预算的编制、执行和控制情况进行评估。通过共享预算和实际执行数据,内部审计可以比较预算与实际执行情况,发现偏差和问题,分析原因并提出改进建议。

(三)提供现金流和财务比率分析

现金流和财务比率分析是财务管理信息对内部审计支持的另一个重要方面。现金流量表反映了企业在一定期间内的现金流入和流出情况,是评估企业财务健康状况和流动性的重要工具。财务管理部门通过编制现金流量表,提供企业现金流的详细信息,帮助内部审计评估企业的资金管理和流动性风险。财务比率分析通过计算和分析各种财务比率，如流动比率、资产负债率、净利润率等，揭示企业的财务结构、盈利能力和偿债能力。内部审计通过利用这些财务比率，可以更全面地了解企业的财务状况，发现潜在的财务问题和风险。例如通过分析资产负债率，内部审计可以评估企业的财务杠杆水平，发现过度负债的风险，并提出相应的风险控制建议。

（四）支持财务系统和数据访问

财务管理信息对内部审计的支持还体现在财务系统和数据访问的支持上。现代企业普遍采用财务管理系统进行财务数据的记录、处理和管理。财务管理系统包含大量的财务数据和信息，是内部审计开展审计工作的基础。财务管理部门通过提供财务系统的访问权限和数据支持，确保内部审计能够及时、准确地获取所需的财务信息。内部审计可以通过财务系统，查询和分析企业的财务数据，发现潜在的问题和风险，提出改进建议。例如通过审查财务系统中的交易记录，内部审计可以发现异常交易和潜在的舞弊行为，确保企业财务活动的合法合规性。

二、财务分析方法在内部审计中的应用

（一）横向分析与趋势分析

财务分析方法在内部审计中的应用首先体现在横向分析和趋势分析上。横向分析是将企业不同时期的财务数据进行对比，揭示财务状况和经营成果的变化趋势。内部审计通过横向分析，可以发现企业财务数据的异常波动和潜在问题。例如通过比较连续几年的财务报表，内部审计可以识别出收入、成本和利润等关键指标的变化趋势，发现潜在的经营风险和管理问题。趋势分析则是对企业财务数据进行长期跟踪，分析其变化趋势和规律。内部审计通过趋势分析，可以预测企业未来的财务状况和经营成果，发现潜在的财务风险和问题，提出前瞻性的改进建议。例如通过分析现金流量的趋势，内部审计可以预测企业的资金流动性，发现潜在的资金短缺风险，并建议财务管理部门采取相应的资金管理措施。

（二）比率分析与财务指标评估

比率分析是财务分析方法的重要组成部分，广泛应用于内部审计中。比率分析通过计算和分析各种财务比率，评估企业的财务结构、盈利能力、偿债能力和运营效率。内部审计通过比率分析，可以全面了解企业的财务状况和经营成果，发现潜在的财务问题和风险。例如通过计算流动比率和速动比率，内部审计可以评估企业的流动性和短期偿债能力，发现潜在的流动性风险；通过分析资产负债率和权益比率，内部审计可以评估企业的资本结构和长期偿债能力，发现过度负债的风险；通过计算净利润率和资产回报率，内部审计可以评估企业的盈利能力，发现潜在的盈利风险。通过比率分析，内部审计可以为财务管理部门提供详细的财务指标评估，帮助其优化财务管理措施，提高企业的财务健康状况。

（三）差异分析与预算控制

差异分析是内部审计中常用的财务分析方法之一，主要用于评估预算执行情况和控制效果。差异分析通过比较预算与实际执行数据，揭示预算执行中的偏差和问题，分析原因并提出改进建议。内部审计通过差异分析，可以发现企业在预算编制、执行和控制中的薄弱环节，帮助财务管理部门优化预算管理流程，提高预算管理的准确性和有效性。例如通过比较预算与实际收入的差异，内部审计可以发现收入预测的偏差，分析收入增长的原因和趋势，提出改进收入预测的方法；通过比较预算与实际成本的差异，内部审计可以发现成本控制的不足，分析成本增长的原因，提出优化成本控制的措施。通过差异分析，内部审计可以帮助财务管理部门提高预算管理水平，实现预算的有效控制和执行[①]。

（四）成本效益分析

成本效益分析是评估企业财务管理和经营活动的重要工具，广泛应用于内部

---

① Juma B., Korutaro S. N. Audit committee effectiveness, internal audit function, firm-specific attributes and internet financial reporting: A managerial perception-based evidence[J]. Journal of Financial Reporting and Accounting, 2023, 21 (5): 1100-1123.

审计中。成本效益分析通过比较投入成本和产出效益，评估企业财务活动和项目的经济性和有效性。内部审计通过成本效益分析，可以发现企业在资源利用和项目管理中的问题和不足，提出改进建议，提高企业的经济效益和市场竞争力。例如通过分析生产成本和销售收入，内部审计可以评估企业的生产效率和盈利能力，发现成本浪费和效率低下的问题，提出优化生产流程和降低成本的措施；通过分析投资项目的成本和收益，内部审计可以评估项目的经济性和可行性，发现项目管理中的问题和风险，提出优化项目管理的建议。通过成本效益分析，内部审计可以帮助财务管理部门优化资源配置，提高企业的经济效益和管理水平。

三、财务管理与内部审计的资源整合

（一）人力资源的协同与共享

财务管理与内部审计的资源整合首先体现在人力资源的协同与共享上。财务管理和内部审计在企业管理中具有不同的角色和职能，但在某些方面也存在互补性。通过协同和共享人力资源，企业可以提升财务管理和内部审计的工作效率和效果。例如企业可以通过建立跨部门的项目团队，结合财务管理和内部审计的专业知识和技能，开展联合项目和专项审计，解决复杂的财务管理和审计问题。企业还可以通过人员轮岗和交流，增强财务管理和内部审计人员的专业知识和经验，提高其综合素质和能力。通过人力资源的协同与共享，企业可以形成一个高效的管理团队，提升企业的整体管理水平和运营效率。

（二）财务系统和工具的整合应用

财务管理与内部审计的资源整合还体现在财务系统和工具的整合应用上。现代企业普遍采用财务管理系统和审计管理系统进行财务数据的记录、处理和管理。通过整合和应用这些财务系统和工具，企业可以实现财务数据的集中管理和共享，提高财务管理和内部审计的工作效率和效果。例如企业可以通过整合财务管理系统和审计管理系统，实现财务数据的实时共享和同步更新，确保财务管理和内部审计能够及时获取和利用最新的财务信息。企业还可以通过引入先进的数据分析工具和审计软件，提高财务数据的处理和分析能力，发现潜在的问题和风

险，提高财务管理和内部审计的工作效果。通过财务系统和工具的整合应用，企业可以提升财务管理和内部审计的协同工作效率，优化财务管理和审计流程。

（三）信息和数据的集中管理

信息和数据的集中管理是财务管理与内部审计资源整合的重要内容。财务管理和内部审计在工作中需要处理大量的财务数据和信息，这些数据和信息的集中管理可以提高工作效率和效果。通过建立信息和数据集中管理平台，企业可以实现财务数据的集中存储、管理和共享，确保财务管理和内部审计能够及时获取和利用所需的信息。例如企业可以通过建立数据仓库，将分散的财务数据集中存储和管理，提供统一的数据访问接口，确保财务管理和内部审计能够高效地查询和分析数据。企业还可以通过建立信息共享平台，实现财务数据、审计报告和风险评估结果的实时共享，确保财务管理和内部审计能够及时获取和利用最新的信息。通过信息和数据的集中管理，企业可以提高财务管理和内部审计的工作效率和效果，提升企业的整体管理水平。

（四）联合培训与专业知识共享

联合培训与专业知识共享是财务管理与内部审计资源整合的重要手段。通过联合培训和专业知识共享，企业可以提高财务管理和内部审计人员的专业素质和能力，增强其协同工作和解决问题的能力。例如企业可以定期组织财务管理和内部审计人员的联合培训，内容包括财务管理、审计方法、风险控制等方面的专业知识和技能，提高其综合素质和能力。企业还可以通过专业知识共享平台，促进财务管理和内部审计人员的经验交流和知识分享，提升其专业水平和工作效果。通过联合培训与专业知识共享，企业可以形成一个高素质的管理团队，提升企业的整体管理水平和运营效率。

四、优化财务管理支持内部审计的路径

（一）建立高效的信息共享机制

优化财务管理支持内部审计的首要路径是建立高效的信息共享机制。信息共

享是实现财务管理和内部审计高效协作的基础。企业应当制定明确的信息共享政策和流程，确保财务管理和内部审计能够及时、准确地交换信息。例如企业可以通过建立信息共享平台，实现财务数据、审计报告和风险评估结果的实时共享，确保双方在工作中能够及时获取和利用相关信息。企业还可以定期组织财务管理和内部审计的联合会议，讨论和解决工作中的问题和困难，分享各自的工作进展和发现，提高双方的工作协调性和效率。通过建立高效的信息共享机制，企业可以促进财务管理和内部审计的沟通和合作，提升内部审计的工作效果，增强财务管理的透明度和有效性。

建立信息共享平台是实现高效信息共享的关键步骤。信息共享平台可以为财务管理和内部审计提供一个统一的数据存储和访问界面，确保双方能够及时、准确地获取所需的信息。通过信息共享平台，财务管理部门可以上传最新的财务数据和报告，内部审计可以实时访问这些数据，进行审计分析和评估。这种实时共享不仅可以提高审计工作的效率，还能确保审计分析的准确性和及时性。例如企业可以利用云计算技术和大数据平台，建立一个集中的信息共享系统，实现财务数据、审计报告和风险评估结果的实时共享，确保信息的安全性和可访问性。通过这种方式，财务管理和内部审计可以共享最新的财务信息，提高工作效率和合作效果。

例如定期组织联合会议是促进沟通和合作的重要手段。通过定期召开财务管理和内部审计的联合会议，双方可以共同讨论和解决工作中的问题和困难，分享各自的工作进展和发现。这种定期的沟通和交流，不仅可以提高双方的工作协调性和效率，还能增强彼此的理解和信任，形成更加紧密的合作关系。例如在联合会议上，财务管理部门可以汇报财务数据的最新情况和管理措施，内部审计可以反馈审计过程中发现的问题和建议。双方可以共同探讨解决问题的方法，制定改进措施，确保财务管理和内部审计工作的有效进行。通过定期的联合会议，财务管理和内部审计可以形成一个高效的沟通和合作机制，提升企业的整体管理水平。

制定明确的信息共享政策和流程是确保信息共享顺畅进行的重要保障。企业应当制定详细的信息共享政策，规定财务管理和内部审计在信息共享中的职责和流程，确保信息共享的及时性和准确性。例如企业可以制定信息共享协议，明确双方在信息共享中的权利和义务，规定信息共享的范围、内容和时间。企业还可以制定信息共享的操作流程，规定信息共享的具体步骤和方法，确保信息共享的规范性和标准化。例如财务管理部门应定期向内部审计提供财务报表、预算执行情况和财务分析报告，内部审计应及时向财务管理反馈审计报告和风险评估结果。通过制定和执行这些政策和流程，企业可以确保财务管理和内部审计的信息共享顺畅进行，提高双方的工作效率和合作效果。

(二) 加强跨部门沟通与合作

加强跨部门沟通与合作是优化财务管理支持内部审计的重要路径。财务管理和内部审计在企业管理中具有不同的角色和职能，但其最终目标是一致的，即提升企业的管理水平和运营效率。企业应当通过加强跨部门沟通与合作，促进财务管理和内部审计的协同工作。

例如企业可以通过建立跨部门的项目团队，结合财务管理和内部审计的专业知识和技能，开展联合项目和专项审计，解决复杂的财务管理和审计问题。企业还可以通过定期组织财务管理和内部审计的联合培训和交流活动，增强双方的专业知识和协作意识，提高其协同工作和解决问题的能力。通过加强跨部门沟通与合作，企业可以形成一个高效的管理团队，提升企业的整体管理水平和运营效率。

建立跨部门的项目团队是实现财务管理与内部审计协同工作的有效途径之一。项目团队可以将财务管理和内部审计的专业知识和技能相结合，充分发挥双方的优势，解决复杂的财务管理和审计问题①。例如在进行企业的风险评估和控制时，项目团队可以利用财务管理部门的财务数据和分析能力，结合内部审计的独立评估和监督功能，共同识别和评估企业面临的财务风险，制定和实施有效的风险控制措施。项目团队还可以在企业的预算编制和执行、成本控制和绩效管理等方面开展联合项目，发现和解决财务管理中的问题和不足，提高财务管理的准

---

① Manirul I., John S., Khaldoon A. The mediation effect of audit committee quality and internal audit function quality on the firm size - financial reporting quality nexus [J]. Journal of Applied Accounting Research, 2023, 24 (5): 839-858.

确性和有效性。通过这种跨部门的协同工作，企业可以提高财务管理和内部审计的工作效率和效果，提升企业的整体管理水平。

例如，定期组织财务管理和内部审计的联合培训和交流活动是增强双方专业知识和协作意识的重要措施。联合培训可以帮助财务管理和内部审计人员了解彼此的工作内容和方法，提高对双方职能和职责的认识，增强协作意识和能力。例如企业可以定期组织关于财务管理和内部审计的专业知识培训，内容包括财务报告编制与分析、审计方法与技术、风险管理与控制等方面，提高双方人员的专业知识和技能。

企业还可以通过举办专题研讨会和经验交流会，分享和讨论工作中的问题和解决方案，促进双方的经验交流和知识共享。例如在审计过程中发现的问题，可以通过交流会及时反馈给财务管理部门，探讨改进措施；财务管理部门在实施管理措施中的经验和心得，也可以通过交流会分享给内部审计，促进彼此的学习和提升。通过这种联合培训和交流活动，财务管理和内部审计可以不断提高专业水平和协同工作能力，提升企业的整体管理水平。

（三）引入先进的财务管理技术

引入先进的财务管理技术是优化财务管理支持内部审计的重要手段。随着信息技术的发展，现代企业的财务管理和内部审计逐渐向数字化、智能化方向发展。企业应当积极引入和应用先进的财务管理技术，提高财务管理和内部审计的工作效率和效果。例如，企业可以通过引入财务管理软件和数据分析工具，实现财务数据的自动化处理和分析，提高数据处理和分析的准确性和效率；通过应用大数据分析和人工智能技术，提升财务管理和内部审计的智能化水平，发现潜在的问题和风险；通过引入区块链技术和智能审计机器人，提升财务管理和内部审计的自动化和智能化水平，提高工作效率和效果。通过引入先进的财务管理技术，企业可以提升财务管理和内部审计的协同工作效率，优化财务管理和审计流程，提升企业的整体管理水平。

财务管理软件和数据分析工具的引入能够显著提升财务数据处理的效率和准确性。传统的财务管理和内部审计通常依赖手工操作，容易出现数据录入错误和遗漏，导致数据分析和决策的不准确。而现代财务管理软件可以自动化处理大量财务数据，从数据录入、分类、计算到报告生成，都可以通过软件自动完成，极大地提高了工作效率和数据的准确性。例如，企业可以使用企业资源计划（ERP）系统，实现从采购、库存管理、销售到财务结算的全过程管理，确保财务数据的实时性和一致性。数据分析工具可以对海量财务数据进行快速分析，生成详细的财务报表和分析报告，帮助管理层和内部审计人员及时了解企业的财务状况，发现潜在问题，制定相应的管理和审计策略。

例如，大数据分析和人工智能技术的应用是提升财务管理和内部审计智能化水平的关键。大数据分析技术能够处理和分析企业的海量数据，从中提取有价值的信息和模式。例如通过对历史财务数据的分析，企业可以预测未来的财务趋势，发现异常交易和潜在的财务风险，帮助内部审计人员制订有针对性的审计计划和策略。人工智能技术则可以通过机器学习算法，对财务数据进行智能化分析和判断，自动识别异常交易和高风险区域。例如智能算法可以根据历史数据和当前财务状况，自动生成风险评估报告，提示可能存在的财务舞弊和管理漏洞，帮助内部审计人员及时发现和应对问题。人工智能技术还可以实现自动化的审计流程，从数据采集、处理到分析和报告生成，都可以由智能系统完成，大大提高了审计的效率和效果。

区块链技术的引入为财务管理和内部审计带来了全新的技术支持。区块链技术具有去中心化、不可篡改和透明可追溯的特点，能够为财务数据的安全性和真实性提供强有力的保障。例如企业可以将重要的财务交易和数据记录在区块链上，确保数据的透明性和不可篡改性，防止数据被篡改和欺诈行为的发生。内部审计人员可以通过区块链技术，实时获取和验证财务数据，确保审计数据的真实性和完整性。智能合约技术的应用，可以实现财务流程的自动化和智能化，例如自动执行合同条款和付款流程，确保财务交易的合规性和高效性。通过区块链技术，企业可以提升财务管理和内部审计的数据安全性和透明度，提高工作效率和管理水平。

智能审计机器人的引入是提升内部审计自动化和智能化水平的重要手段。智能审计机器人可以通过自动化技术和智能算法，自动执行审计任务和数据分析，发现潜在的问题和风险。例如企业可以使用智能审计机器人，对大量的财务数据进行自动化审计，快速识别异常交易和高风险区域，生成详细的审计报告。这种自动化审计不仅可以大幅度提高审计效率，还能提高审计结果的准确性和可靠性。智能审计机器人还可以通过机器学习和智能算法，不断学习和优化审计模型，提升审计工作的智能化水平。例如，通过对历史审计数据和财务数据的学习，智能审计机器人可以建立智能审计模型，自动识别异常交易和潜在风险，生成智能审计报告，为企业提供全面、准确的审计支持。

（四）持续改进财务管理流程

持续改进财务管理流程是优化财务管理支持内部审计的重要路径。财务管理流程的优化和改进可以提高财务管理的效率和效果，为内部审计提供有力支持。企业应当通过持续改进财务管理流程，优化财务数据的处理和管理，提高财务管理的透明度和有效性。例如，企业可以通过完善预算编制和执行流程，提高预算管理的准确性和有效性；通过优化成本控制流程，降低成本，提高资源利用效率；通过改进资金管理流程，提高资金的流动性和安全性。企业还可以通过引入先进的管理工具和方法，如精益管理、六西格玛等，提高财务管理的精细化和科学化水平。通过持续改进财务管理流程，企业可以提升财务管理的工作效率和效果，为内部审计提供有力支持，提升企业的整体管理水平和运营效率。

完善预算编制和执行流程是提高预算管理准确性和有效性的关键。预算是企业财务管理的重要工具，能够为企业的资源分配和运营规划提供指导。传统的预算编制和执行流程往往存在不准确、不及时的问题。通过引入现代预算管理工具和方法，企业可以优化预算编制和执行流程。例如，企业可以采用滚动预算和零基预算等方法，提高预算编制的科学性和灵活性。滚动预算能够根据实际情况的变化进行及时调整，确保预算的准确性和实时性；零基预算则通过从零开始编制预算，避免历史数据的干扰，提高预算的合理性和精确度。企业还可以引入预算管理软件，实现预算编制、执行和监控的自动化，提高预算管理的效率和透明度。通过这些措施，企业可以提高预算管理的准确性和有效性，为内部审计提供详尽、可靠的预算数据，支持其审计分析和评估工作[①]。

---

① Magdalena F. S., Dian A. The analysis of fraudulent financial statements prevention using Hexagon's fraud and government internal auditor as moderating variable in local government in Indonesia ［J］. Forum for Development Studies, 2023, 50（3）：513-537.

❖ 第四节 整合机制下的挑战与对策

整合机制下的挑战与对策在企业管理中尤为重要，尤其是在财务管理与内部审计的协同工作中。随着企业规模的扩大和业务的复杂化，财务管理和内部审计的整合面临诸多挑战。信息共享和沟通不畅是一个主要问题。尽管企业建立了信息共享平台和沟通机制，但在实际操作中，财务管理和内部审计之间的信息交流常常因为数据孤岛、信息不对称等问题受到阻碍。这导致审计工作缺乏全面、准确的数据支持，影响审计质量和效果。为解决这一问题，企业需要进一步完善信息共享机制，确保数据的及时、准确和全面。可以通过引入先进的信息技术，如云计算和大数据分析，实现财务数据的实时共享和动态更新，打破数据孤岛，促进信息流通。

技术应用的不足也是一个亟待解决的问题。虽然许多企业已经开始引入信息技术来支持财务管理和内部审计，但在实际应用中，技术的普及和深度应用还不够。这主要表现为技术系统的整合不完全、数据分析能力不足、技术人才缺乏等方面。这种技术应用的不足限制了整合机制的效果，影响了财务管理和内部审计的效率和效果。为解决这一问题，企业应加大对信息技术的投入，积极引进和应用先进的管理软件和数据分析工具，提升财务管理和内部审计的智能化水平。企业还应注重技术人才的培养和引进，通过内部培训和外部招聘相结合的方式，建立一支高素质的技术团队，为整合机制的顺利实施提供技术保障。

一、整合机制实施中的主要障碍

（一）信息共享不畅

在整合财务管理和内部审计机制的过程中，信息共享不畅是一个主要障碍。信息共享对于确保各部门能够及时、准确地获取和利用所需的数据至关重要。现实中许多企业在信息共享方面仍然存在问题。不同部门之间的数据孤岛现象普遍存在。由于财务管理和内部审计各自使用不同的系统和工具，数据的标准和格式往往不一致，导致信息传递和整合的困难。缺乏统一的数据管理平台和有效的信息共享机制，使得各部门难以实现实时的数据交换和更新。例如财务管理部门可能在使用 ERP 系统，而内部审计可能依赖于独立的审计软件，这种系统间的割裂增加了信息传递的难度。

（二）角色和职能重叠

整合机制实施中的另一个主要障碍是财务管理和内部审计在角色和职能上的重叠和冲突。财务管理和内部审计在企业管理中承担着不同但有时重叠的职能，尤其是在风险管理和内部控制方面。这种职能重叠可能导致职责不清，甚至引发内部矛盾，影响工作的协调性和有效性。

财务管理和内部审计在风险管理上的职责重叠较为明显。财务管理部门负责企业的日常财务运作和风险控制，制定和执行财务政策和程序，以确保企业的财务稳定性和可持续发展。而内部审计则主要通过审计活动评估和改进企业的风险管理和内部控制系统，发现和纠正风险隐患。例如，财务管理部门可能负责制定和实施现金流管理策略，而内部审计则负责审查这些策略的执行效果，评估其是否有效防范流动性风险。这种职能上的重叠如果没有明确的职责分工和协调机制，可能导致双方在工作中出现职责交叉和推诿，影响整体的风险管理效果。

例如在内部控制方面，财务管理和内部审计也存在职能重叠。财务管理部门通常负责建立和维护企业的内部控制系统，确保各项业务活动的合法性、合规性和有效性。内部审计则通过独立的审计活动评估内部控制系统的设计和运行效果，提出改进建议。例如，财务管理部门可能负责制定和实施采购审批流程，而内部审计则负责审查这些流程的执行情况，评估其是否有效防范采购过程中的舞弊行为。如果双方没有明确的分工和协调，可能导致内控管理的重复和资源浪费，甚至出现控制盲区。

财务管理和内部审计在工作方法和目标上的差异也可能引发冲突。财务管理更注重日常运营和短期财务目标，而内部审计则更关注长远的风险管理和内部控制效果。例如，财务管理部门可能更关注短期的成本控制和利润增长，而内部审计则更关注长期的合规性和风险防范。这种目标和方法上的差异如果没有有效的协调和沟通，可能导致双方在工作中产生矛盾，影响整合机制的实施效果。企业需要通过明确的职责分工和协调机制，确保财务管理和内部审计在各自的职能范围内开展工作，避免职责重叠和冲突。

(三) 技术应用不足

技术应用不足是整合机制实施中的一个重要障碍。尽管许多企业已经意识到信息技术对财务管理和内部审计整合的重要性，并开始引入各种管理软件和数据分析工具，但在实际应用中，技术的普及和深度应用仍然不够充分。这主要表现为系统整合不完全、数据分析能力不足和技术人才缺乏等问题，限制了整合机制的效果，影响了财务管理和内部审计的效率和效果。

系统整合不完全是技术应用不足的一个突出表现。许多企业在财务管理和内部审计中分别使用不同的管理系统和工具，这些系统之间缺乏有效的集成和数据共享机制，导致信息孤岛现象严重。为解决这一问题，企业需要加大对系统集成的投入，采用统一的管理平台或通过接口技术实现不同系统之间的数据共享和实时更新，提高信息的连贯性和一致性。

例如数据分析能力不足限制了整合机制的效果。现代财务管理和内部审计需要处理和分析大量的财务数据，以发现潜在的问题和风险，提供决策支持。许多企业在数据分析工具和方法的应用上仍然较为落后，缺乏先进的数据分析技术和手段，无法充分挖掘和利用数据的价值。例如企业可能缺乏大数据分析和人工智能技术的应用，无法实现对海量数据的快速处理和智能分析，导致审计分析和决策支持的效果不佳。为提升数据分析能力，企业应积极引入和应用先进的数据分析工具和方法，如大数据分析、机器学习和人工智能技术，提高财务数据的处理和分析能力，发现潜在的问题和风险，提供有力的决策支持。

例如技术人才的缺乏也是技术应用不足的一个重要原因。现代信息技术的应用需要专业的技术人才支持，但许多企业在这方面的人才储备仍然不足，限制了技术应用的深度和广度。例如企业在引入新的管理软件和数据分析工具后，往往缺乏专业的技术人员进行系统维护和数据分析，导致技术应用效果不佳。为解决这一问题，企业应加大对技术人才的培养和引进力度，通过内部培训和外部招聘相结合的方式，建立一支高素质的技术团队，支持信息技术在财务管理和内部审计中的应用，提升整合机制的效果。

（四）文化和意识差异

文化和意识差异是整合机制实施中的一个重要障碍，尤其是在财务管理和内部审计部门之间。这种差异可能导致沟通障碍和合作困难，影响整合机制的实施效果。财务管理和内部审计在文化和工作方式上存在一定差异，这种差异可能源于各自的工作重点、目标和方法不同。

财务管理和内部审计在工作文化上的差异可能导致沟通障碍。财务管理部门通常以结果为导向，更关注财务报表、预算执行和成本控制等具体的财务指标，而内部审计则更强调过程的合规性和风险控制。例如财务管理部门可能注重通过快速解决问题来实现短期财务目标，而内部审计则可能更关注通过严格的审计程序来发现和防范潜在风险。这种文化上的差异可能导致双方在沟通中存在误解和矛盾，影响工作的协调和合作。为克服这一障碍，企业需要培养开放、透明、合作的企业文化，促进财务管理和内部审计之间的相互理解和信任，建立良好的沟通机制，确保信息的顺畅传递①。

企业文化对整合机制的实施也有着重要影响。企业文化不仅影响员工的行为和态度，还影响组织的管理模式和工作方式。在一些企业中，可能存在着部门本位主义和利益冲突，财务管理和内部审计各自为政，缺乏协同合作的意识和动力。例如财务管理部门可能因为担心审计发现问题而不愿与内部审计分享信息，内部审计则可能因为职责独立性而不愿与财务管理部门合作。这种文化氛围严重影响了整合机制的实施效果。为解决这一问题，企业需要加强文化建设，倡导合作共赢的理念，通过团队建设活动、文化宣传和管理制度的调整，营造良好的合作氛围，促进财务管理和内部审计的协同合作，提升整合机制的效果。

二、提升整合机制有效性的策略

（一）完善信息共享机制

提升整合机制有效性的首要策略是完善信息共享机制。信息共享是确保财务

---

① Jicang W. Analysis of financial internal audit of institutions based on risk management perspective [J]. Financial Engineering and Risk Management, 2023, 6 (7).

管理和内部审计能够高效协同工作的基础。为了实现这一目标，企业应当建立统一的信息共享平台，确保财务数据、审计报告和风险评估结果能够实时、准确地传递。利用现代信息技术，如云计算和大数据分析，可以实现数据的集中存储和动态更新，打破传统的数据孤岛现象。制定明确的信息共享政策和流程，规范信息的采集、处理和传递，确保数据的质量和一致性。信息共享不仅可以提高工作效率，还能增强透明度，帮助内部审计获取全面的财务数据，从而进行更精准的审计分析和风险评估。

建立统一的信息共享平台是实现高效信息共享的基础。传统的信息管理方式往往存在数据分散、标准不统一的问题，这不仅影响了数据的传递效率，也导致了信息的不一致和不完整。通过建立统一的信息共享平台，企业可以将分散在各部门的财务数据、审计报告和风险评估结果集中管理，确保数据的统一性和一致性。例如企业可以利用云计算技术，将财务管理系统和审计管理系统的数据整合到一个云平台上，实现数据的集中存储和管理。这样，财务管理和内部审计部门可以随时随地访问所需的数据，提高信息传递的效率和准确性。云平台还可以实现数据的实时更新和动态共享，确保各部门能够及时获取最新的信息，避免信息滞后和数据孤岛现象的发生。

制定明确的信息共享政策和流程，是确保信息共享机制有效运行的重要保障。信息共享涉及数据的采集、处理、传递和存储等多个环节，任何一个环节出现问题，都会影响信息共享的效果。企业应当制定详细的信息共享政策，规范信息的采集、处理和传递，确保数据的质量和一致性。例如，可以规定各部门在数据采集时必须使用统一的标准和格式，确保数据的可比性和一致性；在数据处理和传递过程中，必须严格按照规定的流程和操作规范，确保数据的完整性和准确性；在数据存储和管理方面，必须采取有效的安全措施，确保数据的安全性和保密性。通过制定和执行这些政策和流程，企业可以有效提高信息共享的质量和效率，为财务管理和内部审计提供可靠的数据支持。

信息共享不仅可以提高工作效率，还能增强企业管理的透明度。通过信息共享，财务管理和内部审计可以及时了解企业的财务状况和风险情况，提高工作的透明度和可信度。例如，财务管理部门可以通过信息共享平台及时向内部审计提供最新的财务数据和报告，内部审计可以根据这些数据进行审计分析和风险评估，发现并解决潜在的问题和风险。信息共享还可以促进各部门之间的沟通和协作，增强团队的凝聚力和协同能力。例如，通过定期的联合会议和交流活动，各部门可以分享工作中的问题和经验，讨论解决方案，形成良好的沟通和合作机制。通过信息共享，企业可以实现管理的透明化和协同化，提高整体的管理水平和运营效率。

（二）明确职能分工

明确职能分工是解决财务管理和内部审计职能重叠及冲突的有效策略。企业应当对财务管理和内部审计的职责进行清晰界定，确保双方在各自的职能范围内开展工作。通过制定详细的职责说明书和工作流程，可以明确每个部门的具体职责和工作内容，避免职责交叉和推诿。例如财务管理部门负责日常的财务运作和资金管理，内部审计则负责独立评估和审计，确保财务活动的合规性和有效性。建立联合工作组或跨部门项目团队，通过协作解决复杂的财务管理和审计问题，确保双方能够协调一致，发挥各自的专业优势，实现整体效益的最大化。

制定详细的职责说明书和工作流程是明确职能分工的基础。职责说明书应当详细列明财务管理和内部审计的具体职责和工作内容，确保双方在各自的职能范围内开展工作。例如，财务管理部门负责企业的日常财务运作、资金管理、预算编制和执行等，内部审计则负责独立评估和审计企业的财务活动和内部控制系统，确保其合规性和有效性。工作流程应当详细规定各项工作的具体步骤和操作规范，确保各部门在工作中的顺畅衔接和高效合作。例如在预算编制和执行过程中，财务管理部门负责编制和执行预算，内部审计则负责审查预算编制的合理性和执行情况的合规性，发现和纠正预算管理中的问题和不足。通过这些措施，可以避免职责交叉和推诿，提高工作效率和效果。

例如建立联合工作组或跨部门项目团队是解决复杂财务管理和审计问题的重要策略。联合工作组或跨部门项目团队可以充分利用财务管理和内部审计的专业知识和技能，协同解决复杂的财务管理和审计问题。例如，在进行企业的全面风险评估时，联合工作组可以结合财务管理的数据和分析能力，以及内部审计的独立评估和监督功能，共同识别和评估企业面临的各类风险，制定和实施有效的风险控制措施。联合工作组还可以在预算编制和执行、成本控制和绩效管理等方面展开协作，发现和解决财务管理中的问题和不足，提高财务管理的准确性和有效性。例如在预算执行过程中，联合工作组可以及时发现和纠正预算偏差，优化预算管理流程，提高预算执行的准确性和有效性。通过这种联合工作组的形式，可以实现资源的优化配置，提高问题解决的效率和效果[1]。

企业应当建立有效的沟通机制，确保财务管理和内部审计在工作中的紧密配合和协调。定期召开协调会议是促进沟通和合作的重要手段。通过定期的沟通和交流，财务管理和内部审计部门可以及时了解彼此的工作进展，讨论和解决工作中的问题和困难。例如企业可以每季度或每月召开一次协调会议，汇报财务数据和审计发现，讨论存在的问题和改进措施。这种定期的沟通不仅可以增强双方的理解和信任，还能确保工作协调和信息的及时传递。通过定期协调会议，可以及时发现和解决工作中的矛盾和冲突，确保财务管理和内部审计的顺利协作。

（三）加强技术应用

现代信息技术的应用是提升整合机制有效性的关键因素。企业应当积极引入和应用先进的财务管理软件和数据分析工具，提高数据处理和分析的准确性和效率。通过采用 ERP 系统、数据分析平台和审计管理软件，可以实现财务数据的自动化处理和实时共享，提升财务管理和内部审计的工作效率。应用大数据分析和人工智能技术，可以对海量数据进行快速处理和智能分析，发现潜在的问题和风险，提高审计的精准度和预见性。例如，智能审计机器人可以自动执行审计任务，生成详细的审计报告，帮助内部审计人员及时发现问题，提出改进建议。

ERP 系统的应用可以实现财务数据的集中管理和实时共享。ERP 系统集成了财务、采购、生产、销售等各个业务模块，通过统一的数据库和信息平台，实现各部门之间的数据共享和实时更新。这不仅提高了数据的准确性和一致性，还能够显著提升企业的管理效率和决策水平。例如通过 ERP 系统，财务管理部门可以实时获取各业务部门的运营数据，进行财务分析和决策支持，而内部审计部门则可以通过系统访问实时的财务数据，进行全面的审计分析和风险评估。ERP

---

[1] John V. E., Mutembei C. Effect of internal audit on financial performance of commercial banks listed in nairobi securities exchange, in Nairobi County, Kenya [J]. Asian Journal of Economics, Business and Accounting, 2023, 23 (16): 55-64.

系统还可以自动生成各类财务报表和分析报告，减少手工操作和数据处理的工作量，提高工作效率和准确性。

例如，数据分析平台的引入可以极大地提升数据处理和分析的能力。现代企业积累了大量的业务和财务数据，这些数据蕴含着丰富的管理信息和决策支持价值。通过数据分析平台，企业可以对这些海量数据进行快速处理和深度分析，挖掘数据中的潜在价值。例如，数据分析平台可以对财务数据进行多维度的分析和展示，帮助管理层和内部审计人员全面了解企业的财务状况和运营绩效。数据分析平台还可以进行趋势分析和预测，为企业制定科学的财务规划和风险控制策略提供支持。数据分析平台还可以与 ERP 系统和审计管理软件无缝集成，实现数据的自动化处理和实时共享，进一步提高工作效率和数据利用效率。

大数据分析和人工智能技术的应用可以显著提升财务管理和内部审计的智能化水平。大数据分析技术可以对企业积累的海量数据进行快速处理和深度分析，发现数据中的潜在模式和趋势，识别异常和风险。例如通过大数据分析，企业可以对财务数据进行全面的风险评估，发现潜在的财务风险和管理漏洞，提出针对性的改进措施。人工智能技术可以通过机器学习和智能算法，对财务数据进行智能化分析和判断，自动识别异常交易和高风险区域。例如，智能审计机器人可以自动执行审计任务，实时监控财务数据，生成详细的审计报告，帮助内部审计人员及时发现问题，提出改进建议。

（四）培养合作意识

培养合作意识是确保财务管理和内部审计顺利协作的基础。企业应当通过组织联合培训和团队建设活动，增强财务管理和内部审计人员的相互理解和信任。例如定期组织专业知识培训和经验交流会，分享工作中的问题和解决方案，促进双方的合作与配合。通过建立跨部门的沟通机制和协调平台，确保财务管理和内部审计能够及时交流信息，解决工作中的矛盾和冲突。培养合作意识不仅可以提高工作效率，还能增强团队的凝聚力和协同能力，推动整合机制的有效实施。

组织联合培训是培养合作意识的重要手段之一。通过联合培训，财务管理和内部审计人员可以相互了解对方的工作内容、流程和挑战，增强彼此的理解和信任。培训内容可以包括财务管理和内部审计的基本知识、工作流程和最佳实践等，帮助双方了解各自的职责和工作重点。例如，财务管理人员可以了解内部审计的审计方法和风险评估技术，而内部审计人员则可以学习财务管理的预算编制和执行流程。通过这种双向的学习和交流，可以消除双方的误解和偏见，增强合作的意愿和能力。联合培训还可以邀请外部专家和顾问进行讲座和指导，分享行业最新的管理理念和技术，提高培训的质量和效果[①]。

建立跨部门的沟通机制和协调平台是确保信息交流顺畅和解决矛盾冲突的重要保障。良好的沟通机制和协调平台可以确保财务管理和内部审计在工作中能够及时交流信息，解决工作中的问题和矛盾。例如，企业可以建立定期的沟通会议制度，每月或每季度召开一次跨部门的沟通会议，汇报工作进展，讨论存在的问题和解决方案。这种定期的沟通会议不仅可以确保信息的及时传递，还可以增强双方的理解和信任，促进合作与配合。企业还可以建立在线沟通平台和信息共享系统，实现实时的信息交流和共享。例如通过企业内部的邮件系统、即时通信工具和协同办公平台，财务管理和内部审计人员可以随时交流工作中的问题和意见，分享最新的工作进展和成果。这种实时的沟通和信息共享可以提高工作效率，避免信息滞后和误解，确保工作顺利进行。

企业应当制定明确的沟通和协作流程，规范财务管理和内部审计在工作中的合作方式和步骤。通过制定详细的流程和操作规范，可以确保双方在合作中的职责明确，工作有序。例如，企业可以制定信息共享流程，规定信息的采集、处理和传递方式，确保信息的质量和一致性；制定问题反馈和解决机制，规定发现问题后的反馈和处理步骤，确保问题能够及时反馈和解决。通过这些流程和操作规范，可以规范财务管理和内部审计的合作行为，提高工作效率和效果。

三、跨部门合作与协调机制的建立

（一）建立联合工作组

建立联合工作组是跨部门合作与协调机制的有效途径。通过组建包括财务管

[①] Selemani Z., Tlegray J. The impact of internal audit practices on financial management of local government authorities: The case of morogoro municipality in Tanzania [J]. Asian Journal of Economics, Business and Accounting, 2022, 263-272.

理和内部审计在内的联合工作组，企业可以充分利用双方的专业知识和技能，解决复杂的财务管理和审计问题。这种联合工作组可以针对具体的项目或任务展开协作，确保各部门在工作中的紧密配合。例如在进行企业的全面风险评估时，联合工作组可以结合财务管理的数据和分析能力，以及内部审计的独立评估和监督功能，共同识别和评估企业面临的各类风险，制定和实施有效的风险控制措施。通过这种联合工作组的形式，可以实现资源的优化配置，提高问题解决的效率和效果。

联合工作组的建立可以有效整合各部门的专业知识和技能。财务管理部门通常具备丰富的财务数据和分析能力，而内部审计部门则具有独立的评估和监督功能。通过联合工作组的形式，可以将两者的优势结合起来，实现优势互补。例如在进行企业的财务风险评估时，财务管理部门可以提供详细的财务数据和分析报告，内部审计部门则可以利用其独立性和专业性，对数据进行深入的评估和验证，从而全面识别企业面临的各类风险。这种协作方式不仅可以提高风险评估的准确性和全面性，还可以为企业制定和实施有效的风险控制措施提供有力支持。

例如，联合工作组的建立可以提高问题解决的效率和效果。在实际工作中，财务管理和内部审计往往需要协同解决一些复杂的问题，例如财务舞弊、内部控制缺陷和重大财务决策等。通过联合工作组，财务管理和内部审计可以共同参与问题的识别、分析和解决过程，提高工作的协调性和效率。例如在发现财务舞弊行为时，联合工作组可以迅速展开调查，财务管理部门负责提供相关财务数据和背景信息，内部审计部门负责进行独立审计和风险评估，双方协同合作，及时发现问题并制定应对措施，从而有效防范和控制财务舞弊风险。

联合工作组的建立还可以实现资源的优化配置。在传统的工作模式下，财务管理和内部审计往往各自为政，资源配置不够合理，导致工作效率和效果不理想。通过联合工作组的形式，可以实现资源的共享和优化配置。例如，财务管理部门可以提供必要的资金和技术支持，内部审计部门可以提供专业的审计人员和技术手段，双方共同参与项目的实施和管理。这种资源的共享和优化配置，不仅可以提高工作效率和效果，还可以降低企业的管理成本，实现整体效益的最大化。

（二）定期召开协调会议

定期召开协调会议是跨部门合作与协调机制的另一重要手段。通过定期的沟通和交流，财务管理和内部审计部门可以及时了解彼此的工作进展，讨论和解决工作中的问题和困难。例如企业可以每季度或每月召开一次协调会议，汇报财务数据和审计发现，讨论存在的问题和改进措施。这种定期的沟通不仅可以增强双方的理解和信任，还能确保工作协调和信息的及时传递。通过定期协调会议，可以及时发现和解决工作中的矛盾和冲突，确保财务管理和内部审计的顺利协作。

定期召开协调会议能够促进财务管理和内部审计之间的信息共享和沟通。在实际工作中，财务管理和内部审计部门各自掌握着不同的信息和数据，这些信息对于双方的工作都至关重要。例如财务管理部门掌握着企业的财务报表、预算执行情况和资金流动情况，而内部审计部门则通过审计活动掌握企业内部控制和风险管理方面的信息。通过定期的协调会议，双方可以及时汇报和共享这些重要信息，确保信息的透明和及时传递。例如在季度会议上，财务管理部门可以汇报最新的财务数据和预算执行情况，内部审计部门则可以反馈审计过程中发现的问题和风险，双方共同讨论并制定改进措施。通过这种信息的及时共享和沟通，可以提高工作的协调性和一致性，确保双方能够根据最新的信息调整工作计划和策略，提升工作效率和效果。

（三）制定协作流程和规范

制定协作流程和规范是确保跨部门合作顺畅进行的关键。企业应当制定详细的协作流程和操作规范，明确财务管理和内部审计在协作中的具体步骤和职责。例如制定信息共享的操作流程，规定信息的采集、处理和传递方式，确保数据的质量和一致性；制定问题反馈和解决机制，确保在发现问题后能够及时反馈和处理。通过这些协作流程和规范，可以规范财务管理和内部审计的协作行为，确保工作流程的顺畅和高效，提高整合机制的实施效果。

在现代企业中，财务管理和内部审计是两大关键职能部门。财务管理负责企业的资金运作和财务规划，而内部审计则负责对企业内部控制和风险管理进行独立评估。由于两者的职责不同，如何协调两者的工作以确保企业整体目标的实现就显得尤为重要。这时候,建立起一套系统的协作流程和操作规范就显得尤为必要。

企业需要制定一套详细的信息共享操作流程。这一流程应当涵盖信息的采集、处理和传递等各个环节。信息的采集阶段,应明确各部门应收集哪些数据,如何收集,收集的频率等。在处理阶段,应规定数据的审核和加工标准,以确保数据的准确性和一致性。在传递阶段,应明确数据传递的方式、传递的时间节点以及接收部门的职责[①]。这些规定不仅可以确保数据在各部门之间的顺畅流动,还可以提高数据的质量和一致性,为企业的财务管理和内部审计提供可靠的数据基础。

例如,企业还应当制定问题反馈和解决机制。在实际工作中,财务管理和内部审计部门难免会发现一些问题。如果没有一套完善的反馈和解决机制,这些问题可能会被忽视或者处理不当,从而影响企业的正常运营。企业需要制定一套明确的问题反馈流程,规定问题发现后的反馈方式、反馈时间以及接收反馈部门的职责。还应当制定问题解决机制,规定各部门在接到问题反馈后的处理方式、处理时间以及处理结果的反馈方式等。通过这些规定,可以确保问题在第一时间被发现并得到有效处理,避免问题扩大化,保障企业的正常运营。

(四) 推动跨部门培训和交流

推动跨部门培训和交流是增强合作意识和提高协作能力的重要措施。企业应当定期组织财务管理和内部审计的联合培训和交流活动,增强双方的专业知识和协作意识。例如,组织关于财务管理和内部审计的专业知识培训,内容包括财务报告编制与分析、审计方法与技术、风险管理与控制等方面,提高双方人员的专业水平和综合能力。通过举办专题研讨会和经验交流会,分享和讨论工作中的问题和解决方案,促进双方的经验交流和知识共享。通过这种跨部门的培训和交流活动,可以增强财务管理和内部审计的合作意识和协同能力,推动整合机制的有效实施。

---

① Rohit S., Theresa S., Ann T. R. ISO 9001: 2015 internal audits for financial and strategic decisions in reducing blood culture contamination [J]. Quality Management in Health Care, 2022, 31 (1): 22-28.

四、持续改进与创新的整合机制

(一) 引入先进管理工具

持续改进与创新的整合机制首先需要引入先进的管理工具。随着技术的不断进步，企业应当积极采用最新的管理工具和方法，提高财务管理和内部审计的效率和效果。例如，通过引入先进的财务管理软件和审计管理系统，可以实现财务数据的自动化处理和实时共享，提高数据处理的准确性和及时性。应用大数据分析和人工智能技术，可以对海量数据进行快速处理和智能分析，发现潜在的问题和风险，提高审计的精准度和预见性。通过引入这些先进的管理工具，企业可以不断优化整合机制，提高工作效率和管理水平。

(二) 开展持续评估与反馈

开展持续评估与反馈是确保整合机制不断改进和优化的重要手段。企业应当建立完善的评估和反馈机制，定期对整合机制的实施效果进行评估，发现问题和不足，并及时进行改进。例如，通过定期的内部审计和外部评估，了解整合机制的实际运行情况，收集各部门的反馈意见，分析存在的问题和改进的空间。根据评估结果，制定相应的改进措施，不断优化整合机制，确保其有效性和适应性。通过这种持续的评估与反馈，可以确保整合机制的不断改进和优化，提高企业的管理水平和运营效率。

(三) 推广成功经验和最佳实践

推广成功经验和最佳实践是推动整合机制创新的重要途径。企业在实施整合机制的过程中，应当总结和推广成功的经验和做法，分享给其他部门和团队。例如通过内部培训和交流活动，介绍成功的整合案例和最佳实践，帮助其他部门借鉴和学习，提高整合机制的整体效果。企业还可以通过内部刊物、网络平台等形式，发布成功经验和最佳实践，促进经验的广泛传播和应用。通过这种方式，可以推动整合机制的不断创新和优化，提高企业的管理水平和运营效率。

（四）鼓励创新和变革

鼓励创新和变革是确保整合机制持续改进和发展的动力。企业应当鼓励员工积极参与整合机制的创新和改进，提出新的思路和方法。例如，通过设立创新奖励机制，对在整合机制创新中表现突出的员工给予奖励和表彰，激发员工的创新热情。企业还应当营造开放、包容的创新文化，鼓励员工勇于尝试和探索，推动整合机制的不断变革和优化。通过这种方式，可以不断推动整合机制的创新和改进，提高企业的管理水平和运营效率，实现企业的可持续发展。

第四章 现代财务管理中的内部审计策略

❖ 第一节 财务管理关键环节的内部审计

财务管理是企业运营的核心环节,而内部审计则是保障财务管理质量和效率的关键手段。两者的有机结合可以有效提升企业的管理水平和运营效率。内部审计在财务管理中的作用主要体现在对财务信息的真实性和准确性的监督上。通过对财务报表、会计记录以及相关财务活动的审查,内部审计能够发现潜在的问题和风险,确保财务信息的可靠性,为企业决策提供坚实的基础。内部审计还可以评估企业的内部控制系统,检查财务管理流程中的各个环节是否存在漏洞和不足,从而提出改进建议,优化内部控制系统,提高财务管理的整体水平。例如在资金管理环节,内部审计可以审查资金的流动和使用情况,确保资金的合理配置和使用效率;在预算管理环节,内部审计可以检查预算编制的合理性和执行情况,确保企业资源的有效利用;在成本管理环节,内部审计可以评估成本控制措施的有效性,提出优化建议,帮助企业降低成本,提高盈利能力。

内部审计在财务管理中的作用还体现在对财务风险的管理上。企业在运营过程中面临各种财务风险,如市场风险、信用风险、操作风险等。内部审计通过对企业财务状况和运营环境的全面评估,可以识别和预警潜在的财务风险,帮助企业制定和实施有效的风险管理策略,降低风险带来的负面影响。例如在市场风险管理方面,内部审计可以评估企业的市场定位和竞争策略,发现潜在的市场风险并提出应对措施;在信用风险管理方面,内部审计可以审查企业的信用政策和客户信用状况,评估信用风险的大小并提出相应的控制措施;在操作风险管理方面,内部审计可以检查企业的操作流程和控制措施,发现操作风险点并提出改进建议。

通过这些措施,企业可以有效降低财务风险,保障运营的稳定性和持续性。内部审计在财务管理中的作用还体现在对企业合规性的监督上。随着法律法规的不断完善和市场环境的变化，企业在财务管理过程中需要遵守的规章制度也在不断增加。内部审计可以通过对企业财务活动的审查，检查企业是否遵守了相关的法律法规和内部规章制度，发现和纠正违规行为，避免法律风险和合规风险。例如在税务管理方面，内部审计可以检查企业的税务申报和纳税情况，确保企业依法纳税，避免税务风险；在财务报告方面，内部审计可以审查企业的财务报表编制情况，确保财务报表的真实性和合法性，避免财务报告风险。

一、资金管理环节的审计策略

（一）现金流管理的审计

现金流管理是企业财务管理的核心环节之一，其目的是确保企业在任何时候都具备足够的现金以应对日常运营和突发情况。现金流管理的审计需要关注现金流入和流出的准确性和及时性。审计人员需要审查企业的现金流预测和实际情况的差异，分析差异原因，评估企业现金流管理的准确性和合理性。通过详细的审计，能够发现企业在现金流预测过程中可能存在的不足，如数据采集不准确、分析方法不科学等问题，并提出改进建议[①]。

审计人员应重点检查企业的现金流动性管理。企业应当在保持适度现金储备的尽可能提高资金使用效率。审计人员需要评估企业的现金储备策略，确保其既能应对短期资金需求，又不至于导致资金闲置。审计人员可以通过检查企业的现金流动比率、速动比率等财务指标，评估企业的流动性风险。还应检查企业的现金管理制度是否健全，是否存在定期的现金流分析和监控机制，确保企业能够及时发现和应对现金流问题。

审计人员应关注企业的应急现金管理措施。企业在面对突发事件时，必须具备迅速调配现金的能力，以保障运营的连续性和稳定性。审计人员需要检查企业是否建立了完善的应急现金管理预案，确保在发生突发事件时能够迅速获取所需资金。例如审计人员可以通过模拟突发事件，测试企业的应急响应能力，评估其

---

① Abdulkadir M, Aidi A, Nasibah @ H A. Internal audit functions, financial reporting quality and moderating effect of senior management support [J]. Meditari Accountancy Research, 2022, 30 (2): 342-372.

应急预案的实际效果。还应检查企业的应急资金来源，如备用信贷、商业票据等，确保其在紧急情况下能够顺利获取资金。具体企业现金流管理审计检查如表4-1所示。

表 4-1 企业现金流管理审计检查

审计内容	审计重点	具体检查项目
现金流预测与实际分析	关注现金流入和流出的准确性和及时性，分析预测与实际情况的差异，评估现金流管理的准确性和合理性。	审查现金流预测与实际现金流的差异，分析差异原因，提出改进建议。
现金流动性管理	评估企业的现金储备策略，确保既能应对短期资金需求，又不至于资金闲置。	检查现金流动比率、速动比率等财务指标，评估流动性风险，审查现金管理制度的健全性。
应急现金管理措施	评估企业应对突发事件的现金调配能力，确保运营连续性和稳定性。	检查应急现金管理预案的完善程度，模拟突发事件，测试应急响应能力，检查应急资金来源的可靠性。

（二）银行账户和对账的审计

银行账户和对账的审计是确保企业资金安全和账务准确的重要环节。审计人员需要检查企业的银行账户管理制度，确保其具备完善的账户开立、使用和关闭流程。企业应当对每个银行账户进行统一管理，避免账户数量过多或管理混乱。审计人员应核实所有银行账户的开立是否经过正式授权，账户使用是否符合企业财务管理规定，并检查是否存在未授权的账户或交易行为。

例如，审计人员应重点审查企业的银行对账流程。银行对账是确保企业账务与银行记录一致的重要手段，审计人员需要检查企业是否定期进行银行对账，并且对账结果是否准确。审计人员可以通过抽样检查对账单和企业账务记录，核实两者是否一致，发现并解决可能存在的差异。例如，审计人员可以检查企业是否对未达账项进行了及时处理，是否存在长期未清的对账差异等问题，并提出相应的改进建议。

（三）应收账款和应付账款的审计

应收账款和应付账款是企业资金管理的重要组成部分，其管理质量直接影响企业的资金流动性和财务健康。审计人员需要审查企业的应收账款管理制度，确保其具备合理的信用政策和催收机制。企业应当根据客户的信用状况，合理设定信用额度和信用期限，避免因信用政策不当导致的坏账风险。审计人员可以通过检查客户信用评估记录、信用政策执行情况等，评估企业的信用风险管理水平，并提出相应的改进建议。

例如审计人员应重点检查企业的应收账款催收情况。应收账款的及时回收对于企业现金流至关重要，审计人员需要评估企业的催收策略和效果。例如审计人员可以检查企业的催收记录，评估催收措施的及时性和有效性；检查长期未收回的账款，分析其原因，评估企业的坏账风险；检查企业是否对长期未收回的账款进行了适当的会计处理，确保财务报表的准确性。

（四）融资活动的审计

融资活动是企业获取资金的重要途径，其管理质量直接关系到企业的资金成本和财务风险。审计人员需要审查企业的融资决策过程，确保其具备科学的决策机制和合理的审批流程。企业在进行融资决策时，应当充分考虑资金需求、融资成本、风险控制等因素，避免因决策不当导致的财务问题。审计人员可以通过检查融资项目的可行性研究报告、决策会议记录等，评估企业的融资决策科学性和合理性，并提出改进建议。

例如审计人员应重点检查企业的融资成本控制情况。融资成本是企业资金成本的重要组成部分，审计人员需要评估企业的融资成本控制策略。例如审计人员可以检查企业的融资合同，评估融资利率、手续费等是否合理；检查企业的融资渠道，评估其多样性和成本效益；检查企业的融资结构，评估其合理性和稳定性。通过这些审计措施，审计人员可以发现企业在融资成本控制中可能存在的问题，提出优化建议，帮助企业降低融资成本。

二、投资决策环节的审计要点

（一）投资项目评估的审计

投资项目评估是企业进行投资决策的重要基础，其目的在于科学评估项目的可行性和潜在收益。审计人员在进行投资项目评估的审计时,首先需要审查企业是否进行了全面的市场调研和可行性分析。通过对市场需求、竞争态势、技术可行性等方面的评估,企业可以了解项目的市场前景和可行性,避免盲目投资带来的风险。审计人员应检查相关调研报告和可行性分析文件,确保其内容的真实性和完整性,并评估调研和分析方法的科学性和合理性。

审计人员应重点审查项目的经济效益分析。投资项目的经济效益分析包括成本估算、收益预测、投资回报率等指标,通过这些指标可以评估项目的经济可行性。审计人员需要检查企业的成本估算方法,确保其合理且全面覆盖所有相关费用;审计人员应评估收益预测的依据和方法,确保其科学性和可信度。审计人员还应审查项目的投资回报率和净现值等财务指标,评估其是否达到了企业的投资标准和预期收益。

审计人员应关注项目风险评估和管理。投资项目在实施过程中可能面临各种风险,如市场风险、技术风险、财务风险等,企业应当进行全面的风险评估,并制定相应的风险管理措施。审计人员需要检查企业的风险评估报告,评估其全面性和深度;审计人员应审查企业的风险管理策略和措施,确保其能够有效应对潜在风险,降低项目失败的可能性。通过全面细致的审计,审计人员可以帮助企业提高投资项目评估的科学性和准确性,确保投资决策的合理性和有效性。具体投资项目评估审计检查如表4-2所示。

表4-2 投资项目评估审计检查

审计内容	审计重点	具体检查项目
市场调研与可行性分析	审查企业是否进行了全面的市场调研和可行性分析,评估项目的市场前景和可行性。	检查市场调研报告的真实性和完整性,审查可行性分析文件的科学性和合理性,评估调研方法的有效性。
经济效益分析	评估投资项目的经济可行性,通过成本估算、收益预测、投资回报率等指标进行分析。	审查成本估算方法的合理性和全面性,评估收益预测依据和方法的科学性,审查投资回报率和净现值等财务指标。

(二)投资回报分析的审计

投资回报分析是企业评估投资效果和决策质量的重要手段,其主要目的是评估投资项目的实际收益与预期收益的差异。审计人员在进行投资回报分析的审计时，首先需要检查企业是否对项目进行了详细的财务记录和数据统计。通过对项目的收入、成本、现金流等财务数据的分析，企业可以评估项目的实际收益情况。审计人员应审查相关财务记录和数据统计报告，确保其内容的真实性和准确性，并评估数据统计和分析方法的科学性和合理性。

审计人员应重点审查投资回报分析的依据和方法。企业在进行投资回报分析时，通常会使用净现值、内部收益率、投资回收期等财务指标，通过这些指标可以评估项目的实际回报情况。审计人员需要检查企业的分析方法，确保其合理且符合财务分析的规范要求；审计人员应评估分析结果的准确性和可信度，确保其能够真实反映项目的投资效果。审计人员还应关注分析过程中使用的假设条件和参数，评估其合理性和可行性。

（三）投资风险控制的审计

投资风险控制是企业投资管理的重要环节，其目的是识别和管理投资过程中可能面临的各种风险。审计人员在进行投资风险控制的审计时，首先需要审查企业的风险识别和评估机制。企业应当通过全面的风险评估，识别投资项目中可能存在的市场风险、技术风险、财务风险等。审计人员应检查企业的风险评估报告，评估其全面性和深度，确保其能够准确识别所有潜在风险。

审计人员应重点审查企业的风险管理策略和措施。企业在识别风险后，应当制定相应的风险管理策略和措施，以降低风险带来的负面影响。审计人员需要评估企业的风险管理策略是否科学合理，是否能够有效应对各种风险。例如企业可以通过对冲交易、保险等手段来管理市场风险，通过技术储备和研发投入来管理技术风险，通过加强财务监控和资金管理来管理财务风险。审计人员应检查这些风险管理措施的具体执行情况，评估其效果和可行性[1]。

（四）投资决策流程的审计

投资决策流程是企业进行投资管理的重要环节，其目的是通过科学的决策机

---

[1] Lois P., Drogalas G., Karagiorgos A., et al. Financial statement misrepresentation: The role of internal and external audit [J]. Global Business and Economics Review, 2022, 26 (3): 334-352.

制,确保投资项目的合理性和可行性。审计人员在进行投资决策流程的审计时,首先需要审查企业的决策机制和流程设计。企业应当建立完善的投资决策机制,明确各级管理人员的职责和权限,确保决策过程的规范性和透明性。审计人员应检查企业的决策机制文件,评估其设计的合理性和科学性,并检查各级管理人员的决策记录,确保其符合企业的决策流程要求。

审计人员应重点审查企业的决策依据和方法。企业在进行投资决策时,通常会依据市场调研、可行性分析、风险评估等一系列数据和报告,通过科学的方法进行分析和判断。审计人员需要检查企业的决策依据和分析方法,确保其数据来源的可靠性和分析方法的科学性。例如企业可以通过对比分析、敏感性分析等方法,评估项目的投资可行性和风险水平。审计人员应评估这些分析方法的合理性和可信度,确保决策过程的科学性和严谨性。

审计人员还应关注企业的决策执行和反馈机制。投资决策的有效性不仅取决于决策过程的科学性,还取决于决策的执行和反馈情况。审计人员需要检查企业的决策执行情况,评估其是否严格按照决策方案进行实施,是否存在执行偏差或违规行为;审计人员应审查企业的决策反馈机制,确保其能够及时发现和处理决策执行过程中出现的问题。例如企业可以通过定期的项目评估和跟踪,及时调整和优化决策方案,提高投资决策的效果。通过详细的审计,审计人员可以帮助企业提高投资决策流程的规范性和科学性,确保企业的投资决策能够实现预期的目标和效果。

三、成本控制与预算管理的审计方法

(一)成本核算体系的审计

成本核算体系是企业财务管理的重要组成部分,其目的是通过准确的成本核算,为企业的成本控制和经营决策提供依据。审计人员在进行成本核算体系的审计时,首先需要审查企业的成本核算制度。企业应当建立完善的成本核算制度,明确成本核算的原则、方法和程序,确保成本核算的规范性和一致性。审计人员应检查企业的成本核算制度文件,评估其设计的合理性和科学性,并检查制度的执行情况，确保其在实际操作中得到了有效落实①。

审计人员还应重点审查企业的成本归集和分配方法。企业在进行成本核算时，需要将各种直接成本和间接成本归集到各个成本对象，并通过合理的方法进行分配。审计人员需要评估企业的成本归集和分配方法，确保其符合成本核算的原则和规范。例如企业可以通过实际成本法、标准成本法等方法进行成本核算，审计人员应检查这些方法的合理性和适用性，确保成本核算的准确性和可靠性。审计人员还应检查企业的成本核算数据，确保其完整性和准确性，发现并纠正可能存在的错误和偏差。

（二）成本控制措施的审计

成本控制是企业提高经营效率和竞争力的重要手段，其目的是通过有效的成本管理，降低生产经营成本，提高企业的盈利能力。审计人员在进行成本控制措施的审计时，首先需要审查企业的成本控制目标和计划。企业应当根据自身的经营状况和市场环境，制定合理的成本控制目标和计划，明确各部门的成本控制任务和责任。审计人员应检查企业的成本控制目标和计划文件，评估其合理性和可行性，并检查各部门的成本控制任务分解情况，确保成本控制目标能够得到有效落实。

审计人员应重点审查企业的成本控制措施和方法。企业在实施成本控制时，通常会采取一系列具体的措施和方法，如精益生产、采购成本控制、库存管理、节能减排等。审计人员需要评估这些成本控制措施和方法的科学性和效果。例如企业可以通过优化生产流程，减少生产环节中的浪费和损耗；通过优化采购流程，降低采购成本；通过加强库存管理，减少库存积压和资金占用；通过节能减排，降低能源消耗和环境成本。审计人员应检查这些措施的具体实施情况，评估其效果和可行性，发现并纠正可能存在的问题和不足。

审计人员还应关注企业的成本控制考核和激励机制。成本控制的效果不仅取决于具体的措施和方法，还取决于企业的考核和激励机制。企业应当建立科学的

---

① Lois P., Drogalas G., Karagiorgos A., et al. Financial statement misrepresentation: the role of internal and external audit [J]. Global Business and Economics Review, 2022, 26 (3): 334-352.

成本控制考核机制，定期对各部门的成本控制情况进行考核，并将考核结果与绩效评价和激励措施挂钩。审计人员应检查企业的成本控制考核制度，评估其科学性和合理性；检查考核结果的应用情况，确保其在绩效评价和激励机制中得到有效体现。通过详细的审计，审计人员可以帮助企业提高成本控制措施的有效性和科学性，确保企业能够通过有效的成本管理，实现降本增效的目标，提高市场竞争力和盈利能力。

（三）预算编制流程的审计

预算编制是企业财务管理的重要环节，其目的是通过合理的预算编制，为企业的经营管理和财务控制提供依据。审计人员在进行预算编制流程的审计时，首先需要审查企业的预算编制制度。企业应当建立完善的预算编制制度，明确预算编制的原则、方法和程序，确保预算编制的规范性和一致性。审计人员应检查企业的预算编制制度文件，评估其设计的合理性和科学性，并检查制度的执行情况，确保其在实际操作中得到了有效落实。

审计人员应重点审查企业的预算编制过程。预算编制过程是预算管理的核心环节，企业应当通过科学的方法和程序，确保预算编制的合理性和准确性。审计人员需要检查企业的预算编制计划和流程，评估其科学性和合理性。例如企业可以通过历史数据分析、市场调研、部门协作等方法，确保预算编制的全面性和准确性；通过预算评审和调整，确保预算编制的合理性和可行性。审计人员应检查企业的预算编制过程，评估其科学性和合理性，发现并纠正可能存在的问题和不足。

（四）预算执行情况的审计

预算执行情况是企业预算管理的关键环节，其目的是通过对预算执行情况的跟踪和分析，确保预算目标的实现。审计人员在进行预算执行情况的审计时，首先需要审查企业的预算执行监控机制。企业应当建立完善的预算执行监控机制，确保预算执行的规范性和及时性。审计人员应检查企业的预算执行监控制度，评估其科学性和合理性，并检查制度的执行情况，确保其在实际操作中得到了有效落实。

审计人员还应重点审查企业的预算执行数据和结果。预算执行数据是评估预算执行情况的重要依据，审计人员需要评估企业的预算执行数据的准确性和可靠性。例如企业可以通过对预算执行情况的定期跟踪和分析，发现和解决预算执行中的问题；通过预算执行差异分析，评估预算执行的合理性和效果。审计人员应检查企业的预算执行数据和结果，评估其准确性和可靠性，确保企业的预算管理能够实现预期的目标和效果。

审计人员还应关注企业的预算执行调整和反馈机制。预算执行过程中可能会出现各种变化和偏差，企业应当通过科学的调整和反馈机制，确保预算执行的灵活性和适应性。审计人员需要检查企业的预算执行调整和反馈机制，评估其科学性和合理性。例如企业可以通过预算调整和预算补充，及时应对预算执行中的变化和问题；通过预算执行情况的反馈和总结，发现和解决预算管理中的问题。审计人员应检查企业的预算执行调整和反馈机制，评估其科学性和合理性，确保企业的预算管理能够实现预期的目标和效果。通过详细的审计，审计人员可以帮助企业提高预算执行情况的科学性和规范性，确保企业的预算管理能够为经营管理和财务控制提供有力支持。具体预算执行情况审计检查如表4-3所示。

表4-3 预算执行情况审计检查

审计内容	审计重点	具体检查项目
预算执行监控机制	审查企业的预算执行监控机制，确保预算执行的规范性和及时性。	检查预算执行监控制度的科学性和合理性，审查预算执行监控制度的执行情况，评估监控机制的有效性。
预算执行数据和结果分析	评估企业预算执行数据的准确性和可靠性，确保预算执行情况的合理性和效果。	检查预算执行数据的准确性，审查预算执行差异分析报告，评估预算执行的效果和合理性。

四、绩效评价与激励机制的审计

（一）绩效指标设定的审计

绩效指标设定是企业绩效管理的重要环节，其目的是通过科学合理的指标设定，为员工的绩效评价提供依据。审计人员在进行绩效指标设定的审计时，首先需要审查企业的绩效管理制度。企业应当建立完善的绩效管理制度，明确绩效指标的设定原则和方法，确保绩效指标的规范性和科学性。审计人员应检查企业的绩效管理制度文件，评估其设计的合理性和科学性，并检查制度的执行情况，确保其在实际操作中得到了有效落实。

审计人员应重点审查企业的绩效指标设定过程。绩效指标的设定过程是绩效管理的核心环节，企业应当通过科学的方法和程序，确保绩效指标的合理性和准确性。审计人员需要检查企业的绩效指标设定计划和流程，评估其科学性和合理性。例如企业可以通过岗位职责分析、关键业绩指标（KPI）设定、目标管理等方法，确保绩效指标的全面性和准确性；通过绩效指标的评审和调整，确保绩效指标的合理性和可行性。审计人员应检查企业的绩效指标设定过程，评估其科学性和合理性，发现并纠正可能存在的问题和不足。

审计人员还应关注企业的绩效指标数据和结果。绩效指标的设定目的是为员工的绩效评价提供依据，审计人员需要评估企业的绩效指标数据和结果的准确性及可靠性。例如企业可以通过对绩效指标数据的对比分析、敏感性分析等方法，评估绩效指标的合理性和可行性；通过绩效考核结果的跟踪和分析，发现和解决绩效管理中的问题。审计人员应检查企业的绩效指标数据和结果，评估其准确性和可靠性，确保企业的绩效管理能够实现预期的目标和效果。通过详细的审计，审计人员可以帮助企业提高绩效指标设定的科学性和规范性，确保企业的绩效管理能够为员工的绩效评价提供有力支持。

（二）绩效考核流程的审计

绩效考核流程是企业绩效管理的重要环节，其目的是通过科学合理的考核流程，为员工的绩效评价提供依据。审计人员在进行绩效考核流程的审计时，首先需要审查企业的绩效考核制度。企业应当建立完善的绩效考核制度，明确绩效考核的原则、方法和程序，确保绩效考核的规范性和科学性。审计人员应检查企业的绩效考核制度文件，评估其设计的合理性和科学性，并检查制度的执行情况，确保其在实际操作中得到了有效落实。

审计人员应重点审查企业的绩效考核过程。绩效考核过程是绩效管理的核心环节，企业应当通过科学的方法和程序，确保绩效考核的公平性和准确性。审计人员需要检查企业的绩效考核计划和流程，评估其科学性和合理性。例如企业可以通过目标设定、绩效面谈、绩效反馈等方法，确保绩效考核的全面性和准确性；通过绩效考核结果的评审和调整，确保绩效考核的公平性和合理性。审计人员应检查企业的绩效考核过程，评估其科学性和合理性，发现并纠正可能存在的问题和不足。

审计人员还应关注企业的绩效考核结果和应用。绩效考核的目的是为员工的绩效评价和激励提供依据，审计人员需要评估企业的绩效考核结果和应用的准确性和可靠性。例如企业可以通过对绩效考核结果的对比分析、敏感性分析等方法，评估绩效考核结果的合理性和可行性；通过绩效考核结果的跟踪和分析，发现和解决绩效管理中的问题。审计人员应检查企业的绩效考核结果和应用，评估其准确性和可靠性，确保企业的绩效管理能够实现预期的目标和效果。通过详细的审计，审计人员可以帮助企业提高绩效考核流程的科学性和规范性，确保企业的绩效管理能够为员工的绩效评价和激励提供有力支持。

(三) 激励机制实施的审计

激励机制是企业绩效管理的重要组成部分，其目的是通过有效的激励措施，激发员工的工作积极性和创造力。审计人员在进行激励机制实施的审计时，需要审查企业的激励制度。企业应当建立完善的激励制度，明确激励的原则、方法和程序，确保激励机制的规范性和科学性。审计人员应检查企业的激励制度文件，评估其设计的合理性和科学性，并检查制度的执行情况，确保其在实际操作中得到了有效落实。

审计人员应重点审查企业的激励措施和方法。企业在实施激励机制时，通常会采取一系列具体的激励措施和方法，如奖金、股权激励、绩效工资、晋升机会等。审计人员需要评估这些激励措施和方法的科学性和效果。例如企业可以通过对激励措施的效果评估，发现和解决激励机制中的问题；通过对激励措施的调整和优化，确保激励机制的合理性和可行性。审计人员应检查企业的激励措施和方法，评估其效果和可行性，发现并纠正可能存在的问题和不足。

审计人员还应关注企业的激励机制效果和反馈。激励机制的效果不仅取决于具体的措施和方法，还取决于企业的反馈机制。企业应当建立科学的激励效果评估和反馈机制，定期对激励措施的效果进行评估，并根据反馈结果进行调整和优化。审计人员应检查企业的激励效果评估和反馈机制，评估其科学性和合理性；检查激励措施的实施效果，确保其在激发员工工作积极性和创造力方面达到了预期的目标。通过详细的审计，审计人员可以帮助企业提高激励机制实施的有效性和科学性，确保企业的激励机制能够为员工的绩效提升和企业的发展提供有力支持。具体流程如图4-1所示。

审查激励制度 → 审查激励措施和方法 → 评估激励机制效果和反馈 → 总结和改进

检查激励制度文件：审计人员首先检查企业的激励制度文件，确保激励的原则、方法和程序明确、合理。
评估激励制度设计的合理性：审计人员评估激励制度的科学性，确保其设计合理，能够有效激励员工。
检查制度执行情况：审计人员审查激励制度在实际操作中的执行情况，确保其得到了有效落实。

检查激励措施的科学性：审计人员重点审查企业实施的激励措施和方法，如奖金、股权激励、绩效工资、晋升机会等，评估其设计的科学性。
评估激励措施的效果：通过效果评估，审计人员分析激励措施是否达到了预期的激励效果，并发现和解决激励机制中的问题。
调整和优化激励措施：根据评估结果，审计人员建议对激励措施进行调整和优化，确保激励机制的合理性和可行性。

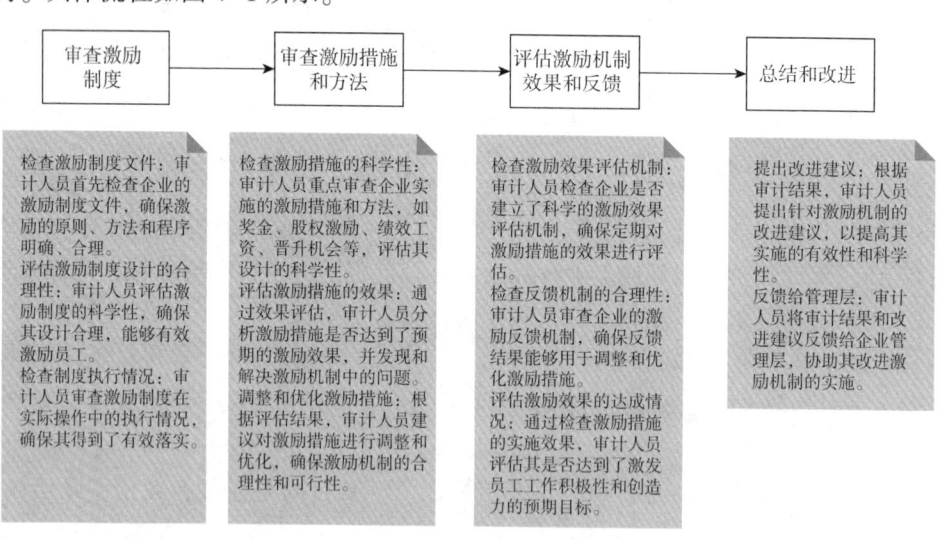

检查激励效果评估机制：审计人员检查企业是否建立了科学的激励效果评估机制，确保定期对激励措施的效果进行评估。
检查反馈机制的合理性：审计人员审查企业的激励反馈机制，确保反馈结果能够用于调整和优化激励措施。
评估激励效果的达成情况：通过检查激励措施的实施效果，审计人员评估其是否达到了激发员工工作积极性和创造力的预期目标。

提出改进建议：根据审计结果，审计人员提出针对激励机制的改进建议，以提高其实施的有效性和科学性。
反馈给管理层：审计人员将审计结果和改进建议反馈给企业管理层，协助其改进激励机制的实施。

图4-1　激励机制实施的流程

（四）绩效反馈与改进的审计

绩效反馈与改进是企业绩效管理的重要环节，其目的是通过有效的反馈和改进措施，提升员工的绩效水平和工作能力。审计人员在进行绩效反馈与改进的审计时，首先需要审查企业的绩效反馈制度。企业应当建立完善的绩效反馈制度，明确绩效反馈的原则、方法和程序，确保绩效反馈的规范性和科学性。审计人员应检查企业的绩效反馈制度文件，评估其设计的合理性和科学性，并检查制度的执行情况，确保其在实际操作中得到了有效落实。

审计人员应重点审查企业的绩效反馈过程。绩效反馈过程是绩效管理的核心环节，企业应当通过科学的方法和程序，确保绩效反馈的有效性和准确性。审计人员需要检查企业的绩效反馈计划和流程，评估其科学性和合理性。例如企业可以通过绩效面谈、反馈会议、绩效总结等方法，确保绩效反馈的全面性和准确性；通过绩效反馈结果的评审和调整，确保绩效反馈的公平性和合理性。审计人员应检查企业的绩效反馈过程，评估其科学性和合理性，发现并纠正可能存在的问题和不足。

❖ 第二节 风险管理视角下的内部审计策略

风险管理视角下的内部审计策略至关重要，其核心在于通过系统的内部审计方法，有效识别、评估和控制企业面临的各种风险，以保障企业的稳健运行和长期发展。内部审计需要全面识别企业各类风险，包括财务风险、运营风险、市场风险、法律风险和声誉风险等。审计人员应深入了解企业的业务流程和运营环境，结合定量和定性分析工具，识别潜在风险点，确保风险识别的全面性和准确性。例如在财务领域，审计人员需要关注财务报表的准确性、资金流动的安全性、税务合规性等方面的潜在风险；在运营领域，审计人员需评估生产流程的效率、供应链的稳定性、信息系统的安全性等。通过细致的风险识别，审计人员能够为企业构建全面的风险地图，奠定后续风险管理工作的基础。

评估企业现有的风险管理体系是内部审计的重要任务。审计人员需要系统地审查企业的风险管理政策、流程和控制措施，评估其有效性和覆盖范围。例如企业是否建立了全面的风险管理框架，是否明确了各级管理人员的风险管理职责，是否定期进行风险评估和控制效果的反馈。这些方面的审查有助于发现企业在风险管理体系中存在的漏洞和不足，为优化和完善风险管理体系提供依据。审计人员还需关注企业的风险应对策略，评估其应对潜在风险的能力和措施。例如企业是否具备有效的风险转移手段，如保险、对冲等；是否建立了应急预案和危机管理机制，确保在风险事件发生时能够迅速反应和有效处理。通过系统的评估，审计人员可以帮助企业识别和强化其风险管理薄弱环节，提升整体风险管理水平。

一、市场风险管理的审计策略

(一) 市场风险识别与评估

市场风险识别与评估是市场风险管理的首要步骤，其核心在于通过全面系统的分析，识别企业在市场环境中可能面临的各种风险，并评估这些风险对企业经营的潜在影响。审计人员在进行市场风险识别与评估时，首先需要了解企业的业务范围和市场环境，确定可能影响企业市场风险的关键因素。例如宏观经济波动、行业竞争态势、政策法规变化等都是影响企业市场风险的重要因素。审计人员应通过数据分析、市场调研和专家访谈等多种方法，全面识别这些风险因素，并评估其可能带来的影响。通过详细的风险识别与评估，审计人员可以为企业提供全面的市场风险图谱，帮助企业制定科学的市场风险管理策略。

审计人员应重点评估企业的市场风险暴露程度和风险承受能力。市场风险暴露程度是指企业在市场波动中可能受到的影响，而风险承受能力则是企业在风险事件发生时的应对能力。审计人员需要通过财务指标分析、情景模拟等方法，评估企业的市场风险暴露程度，并结合企业的财务状况、经营能力和风险管理水平，评估其风险承受能力。例如审计人员可以通过分析企业的收入结构、成本结构和资产负债状况，评估其在市场波动中的脆弱点和应对能力。通过详细的风险暴露和承受能力评估，审计人员可以帮助企业明确市场风险管理的重点领域和薄弱环节。

(二) 市场风险监控与预警

市场风险监控与预警是市场风险管理的重要组成部分，其目的是通过持续的监控和及时的预警，帮助企业及时发现和应对市场风险。审计人员在进行市场风险监控与预警的审计时，首先需要审查企业的市场风险监控体系。企业应当建立完善的市场风险监控体系，明确监控的范围、方法和流程，确保市场风险监控的全面性和及时性。审计人员应检查企业的市场风险监控制度文件，评估其设计的合理性和科学性，并检查制度的执行情况，确保其在实际操作中得到了有效落实。

审计人员应重点审查企业的市场风险预警机制。市场风险预警机制是市场风险监控的重要环节，其目的是通过对市场风险指标的监控和分析，及时发现市场风险的变化趋势，并发出预警信号。审计人员需要检查企业的市场风险预警指标体系，评估其科学性和有效性。例如企业可以通过设定关键风险指标（KRIs），如市场价格波动率、行业增长率、宏观经济指标等，实时监控市场风险的变化情况。审计人员应评估这些预警指标的合理性和准确性，确保其能够真实反映市场风险的变化趋势。审计人员还应检查企业的市场风险预警系统，评估其数据采集、处理和分析能力，确保预警系统的实时性和准确性。

（三）市场风险应对措施审查

市场风险应对措施是市场风险管理的重要环节，其目的是通过科学合理的措施，降低市场风险对企业经营的负面影响。审计人员在进行市场风险应对措施审查时，首先需要审查企业的市场风险应对策略。企业应当根据市场风险识别和评估结果，制定科学合理的市场风险应对策略，明确应对措施的具体内容和实施步骤。审计人员应检查企业的市场风险应对策略文件，评估其设计的合理性和科学性，并检查策略的执行情况，确保其在实际操作中得到了有效落实。

审计人员应重点审查企业的市场风险应对措施。企业在实施市场风险应对策略时，通常会采取一系列具体的措施和方法，如产品多元化、供应链管理、对冲交易、财务管理等。审计人员需要评估这些市场风险应对措施的科学性和效果。例如企业可以通过产品多元化，降低单一产品市场波动带来的风险；通过优化供应链管理，降低供应链中断带来的风险；通过对冲交易，降低市场价格波动带来的风险；通过加强财务管理，降低资金流动性风险。审计人员应检查这些市场风险应对措施的具体实施情况，评估其效果和可行性，发现并纠正可能存在的问题和不足。

（四）市场风险管理成效评估

市场风险管理成效评估是市场风险管理的重要环节，其目的是通过系统的评估，衡量企业市场风险管理的实际效果，为企业的市场风险管理提供改进依据。

审计人员在进行市场风险管理成效评估时，首先需要审查企业的市场风险管理目标。企业应当根据自身的经营状况和市场环境，制定明确的市场风险管理目标，确保市场风险管理工作的有序开展。审计人员应检查企业的市场风险管理目标文件，评估其合理性和科学性，并检查目标的实现情况，确保其在实际操作中得到了有效落实。

审计人员应重点审查企业的市场风险管理措施。企业在实施市场风险管理目标时，通常会采取一系列具体的管理措施和方法，如市场风险识别与评估、市场风险监控与预警、市场风险应对措施等。审计人员需要评估这些市场风险管理措施的科学性和效果。例如企业可以通过市场风险识别与评估，全面了解市场风险的来源和影响；通过市场风险监控与预警，及时发现市场风险的变化趋势；通过市场风险应对措施，有效降低市场风险的影响。审计人员应检查这些市场风险管理措施的具体实施情况，评估其效果和可行性，发现并纠正可能存在的问题和不足。

二、信用风险管理的审计要点

（一）客户信用评估流程审计

客户信用评估流程是企业信用风险管理的基础，其目的是通过科学合理的信用评估，为企业的信用决策提供依据。审计人员在进行客户信用评估流程审计时，首先需要审查企业的客户信用评估制度。企业应当建立完善的客户信用评估制度，明确信用评估的原则、方法和程序，确保信用评估的规范性和科学性。审计人员应检查企业的客户信用评估制度文件，评估其设计的合理性和科学性，并检查制度的执行情况，确保其在实际操作中得到了有效落实。

审计人员应重点审查企业的客户信用评估方法。客户信用评估方法是信用评估流程的核心，企业应当通过科学的方法和程序，确保信用评估的准确性和可靠性。审计人员需要检查企业的客户信用评估方法，评估其科学性和有效性。例如企业可以通过财务报表分析、信用评分模型、信用调查等方法，评估客户的信用状况；通过信用报告和信用历史记录，了解客户的信用记录和信用行为。审计人员应检查这些信用评估方法的具体实施情况，评估其效果和可行性，发现并纠正可能存在的问题和不足。

（二）信用政策执行情况审查

信用政策是企业信用风险管理的重要组成部分，其目的是通过科学合理的信用政策，为企业的信用管理提供指导。审计人员在进行信用政策执行情况审查时，首先需要审查企业的信用政策制度。企业应当建立完善的信用政策制度，明确信用政策的原则、方法和程序，确保信用政策的规范性和科学性。审计人员应检查企业的信用政策制度文件，评估其设计的合理性和科学性，并检查制度的执行情况，确保其在实际操作中得到了有效落实。

审计人员应重点审查企业的信用政策执行情况。信用政策的执行情况是信用管理的核心环节，企业应当通过科学的方法和程序，确保信用政策的有效实施。审计人员需要检查企业的信用政策执行情况，评估其科学性和有效性。例如企业可以通过信用政策的执行情况分析，了解信用政策的实际效果；通过信用政策执行情况的跟踪和分析，发现和解决信用管理中的问题。审计人员应检查企业的信用政策执行情况，评估其效果和可行性，发现并纠正可能存在的问题和不足。

审计人员应关注企业的信用政策改进措施和效果。信用政策的执行效果不仅取决于具体的政策和方法，还取决于企业的反馈和改进机制。企业应当建立科学的信用政策改进措施和反馈机制，定期对信用政策的执行效果进行评估，并根据反馈结果进行调整和优化。审计人员应检查企业的信用政策改进措施和反馈机制，评估其科学性和合理性；检查信用政策的实施效果，确保其在降低信用风险方面达到了预期的目标。通过详细的审计，审计人员可以帮助企业提高信用政策执行情况的科学性和规范性，确保企业的信用管理能够为信用决策提供有力支持。

（三）信用风险监控机制评估

信用风险监控机制是企业信用风险管理的重要环节，其目的是通过持续的监控和分析，及时发现和应对信用风险。审计人员在进行信用风险监控机制评估时，首先需要审查企业的信用风险监控制度。企业应当建立完善的信用风险监控制度，明确监控的范围、方法和流程，确保信用风险监控的全面性和及时性。审计人员应检查企业的信用风险监控制度文件，评估其设计的合理性和科学性，并检查制度的执行情况，确保其在实际操作中得到了有效落实。

审计人员应重点审查企业的信用风险监控方法。信用风险监控方法是信用风险管理的核心环节，企业应当通过科学的方法和程序，确保信用风险监控的准确性和可靠性。审计人员需要检查企业的信用风险监控方法，评估其科学性和有效性。例如企业可以通过信用风险预警指标、信用评分模型、信用风险分析等方法，实时监控信用风险的变化情况；通过信用风险报告和信用风险记录，了解信用风险的历史记录和信用风险行为。审计人员应检查这些信用风险监控方法的具体实施情况，评估其效果和可行性，发现并纠正可能存在的问题和不足。

（四）坏账处理与追收策略审计

坏账处理与追收策略是企业信用风险管理的关键环节，其目的是通过科学合理的处理和追收措施，降低坏账损失，提高企业的信用管理水平。审计人员在进行坏账处理与追收策略审计时，首先需要审查企业的坏账处理制度。企业应当建立完善的坏账处理制度，明确坏账处理的原则、方法和程序，确保坏账处理的规范性和科学性。审计人员应检查企业的坏账处理制度文件，评估其设计的合理性和科学性，并检查制度的执行情况，确保其在实际操作中得到了有效落实。

审计人员应重点审查企业的坏账处理方法。坏账处理方法是坏账管理的核心环节，企业应当通过科学的方法和程序，确保坏账处理的准确性和可靠性。审计人员需要检查企业的坏账处理方法，评估其科学性和有效性。例如企业可以通过坏账核销、坏账准备、坏账重组等方法，处理坏账问题；通过坏账处理记录和坏账处理报告，了解坏账处理的历史记录和坏账处理情况。审计人员应检查这些坏账处理方法的具体实施情况，评估其效果和可行性，发现并纠正可能存在的问题和不足。

三、操作风险管理的审计方法

(一) 操作流程风险点识别

操作流程风险点识别是操作风险管理的基础,其目的是通过系统的分析,识别企业操作流程中可能存在的风险点,为操作风险管理提供依据。审计人员在进行操作流程风险点识别时,首先需要审查企业的操作流程制度。企业应当建立完善的操作流程制度,明确操作流程的原则、方法和程序,确保操作流程的规范性和科学性。审计人员应检查企业的操作流程制度文件,评估其设计的合理性和科学性,并检查制度的执行情况,确保其在实际操作中得到了有效落实。

审计人员应重点审查企业的操作流程风险点。操作流程风险点是操作风险管理的核心环节,企业应当通过科学的方法和程序,确保操作流程风险点的准确性和可靠性。审计人员需要检查企业的操作流程风险点,评估其科学性和有效性。例如企业可以通过操作流程分析、操作流程图、操作流程风险评估等方法,识别操作流程中的风险点;通过操作流程风险记录和操作流程风险报告,了解操作流程风险的历史记录和操作流程风险情况。审计人员应检查这些操作流程风险点的具体实施情况,评估其效果和可行性,发现并纠正可能存在的问题和不足。

(二) 内部控制措施审查

内部控制措施是企业操作风险管理的重要环节,其目的是通过科学合理的控制措施,降低操作风险,提高企业的管理水平。审计人员在进行内部控制措施审查时,首先需要审查企业的内部控制制度。企业应当建立完善的内部控制制度,明确内部控制的原则、方法和程序,确保内部控制的规范性和科学性。审计人员应检查企业的内部控制制度文件,评估其设计的合理性和科学性,并检查制度的执行情况,确保其在实际操作中得到了有效落实。

审计人员应重点审查企业的内部控制措施。内部控制措施是操作风险管理的核心环节,企业应当通过科学的方法和程序,确保内部控制措施的有效性和可靠性。审计人员需要检查企业的内部控制措施,评估其科学性和有效性。例如企业可以通过设置操作流程控制点、实施操作流程监控、进行操作流程审计等方法，确保操作流程的规范性和安全性；通过内部控制记录和内部控制报告，了解内部控制的历史记录和内部控制情况。审计人员应检查这些内部控制措施的具体实施情况，评估其效果和可行性，发现并纠正可能存在的问题和不足。

审计人员应关注企业的内部控制效果和改进措施。内部控制措施的效果不仅取决于具体的措施和方法，还取决于企业的反馈和改进机制。企业应当建立科学的内部控制效果评估和反馈机制，定期对内部控制措施的效果进行评估，并根据反馈结果进行调整和优化。审计人员应检查企业的内部控制效果评估和反馈机制，评估其科学性和合理性；检查内部控制措施的实施效果，确保其在降低操作风险方面达到了预期的目标。通过详细的审计，审计人员可以帮助企业提高内部控制措施的科学性和规范性，确保企业的操作风险管理能够为操作决策提供有力支持。

（三）操作风险事件记录分析

操作风险事件记录分析是操作风险管理的重要环节，其目的是通过对操作风险事件的记录和分析，识别和解决操作风险问题，提高企业的管理水平。审计人员在进行操作风险事件记录分析时，首先需要审查企业的操作风险事件记录制度。企业应当建立完善的操作风险事件记录制度，明确操作风险事件记录的原则、方法和程序，确保操作风险事件记录的规范性和科学性。审计人员应检查企业的操作风险事件记录制度文件，评估其设计的合理性和科学性，并检查制度的执行情况，确保其在实际操作中得到了有效落实。

审计人员应重点审查企业的操作风险事件记录方法。操作风险事件记录方法是操作风险管理的核心环节，企业应当通过科学的方法和程序，确保操作风险事件记录的准确性和可靠性。审计人员需要检查企业的操作风险事件记录方法，评估其科学性和有效性。例如企业可以通过操作风险事件报告、操作风险事件记录表、操作风险事件分析等方法，记录操作风险事件的发生情况；通过操作风险事件记录和操作风险事件报告，了解操作风险事件的历史记录和操作风险事件情况。审计人员应检查这些操作风险事件记录方法的具体实施情况，评估其效果和可行性，发现并纠正可能存在的问题和不足。

(四) 操作风险管理体系优化

操作风险管理体系优化是操作风险管理的关键环节，其目的是通过系统的优化，提高企业操作风险管理的整体水平，降低操作风险的发生概率和影响。审计人员在进行操作风险管理体系优化时，首先需要审查企业的操作风险管理体系。企业应当建立完善的操作风险管理体系，明确操作风险管理的原则、方法和程序，确保操作风险管理的规范性和科学性。审计人员应检查企业的操作风险管理体系文件，评估其设计的合理性和科学性，并检查体系的执行情况，确保其在实际操作中得到了有效落实。

审计人员应重点审查企业的操作风险管理措施。操作风险管理措施是操作风险管理的核心环节，企业应当通过科学的方法和程序，确保操作风险管理措施的有效性和可靠性。审计人员需要检查企业的操作风险管理措施，评估其科学性和有效性。例如企业可以通过操作流程优化、操作控制措施、操作风险监控等方法，降低操作风险的发生概率和影响；通过操作风险管理记录和操作风险管理报告，了解操作风险管理的历史记录和操作风险管理情况。审计人员应检查这些操作风险管理措施的具体实施情况，评估其效果和可行性，发现并纠正可能存在的问题和不足。

四、综合风险管理的审计框架

(一) 综合风险评估体系建立

综合风险评估体系建立是企业综合风险管理的基础，其目的是通过科学系统的风险评估体系，全面识别和评估企业面临的各类风险。审计人员在进行综合风险评估体系建立的审计时，首先需要审查企业的风险评估制度。企业应当建立完善的风险评估制度，明确风险评估的原则、方法和程序，确保风险评估的规范性和科学性。审计人员应检查企业的风险评估制度文件，评估其设计的合理性和科学性，并检查制度的执行情况，确保其在实际操作中得到了有效落实。

审计人员应重点审查企业的风险评估方法。风险评估方法是综合风险管理的核心环节，企业应当通过科学的方法和程序，确保风险评估的准确性和可靠性。审计人员需要检查企业的风险评估方法，评估其科学性和有效性。例如企业可以通过风险评估模型、风险评分系统、风险分析工具等方法，全面识别和评估企业面临的各类风险；通过风险评估记录和风险评估报告，了解风险评估的历史记录和风险评估情况。审计人员应检查这些风险评估方法的具体实施情况，评估其效果和可行性，发现并纠正可能存在的问题和不足。

(二) 多维风险监控机制设计

多维风险监控机制设计是企业综合风险管理的重要环节，其目的是通过科学合理的风险监控机制，全面监控企业面临的各类风险，提高企业的风险管理水平。审计人员在进行多维风险监控机制设计的审计时，首先需要审查企业的风险监控制度。企业应当建立完善的风险监控制度，明确风险监控的范围、方法和程序，确保风险监控的规范性和科学性。审计人员应检查企业的风险监控制度文件，评估其设计的合理性和科学性，并检查制度的执行情况，确保其在实际操作中得到了有效落实。

审计人员应重点审查企业的风险监控方法。风险监控方法是综合风险管理的核心环节，企业应当通过科学的方法和程序，确保风险监控的准确性和可靠性。审计人员需要检查企业的风险监控方法，评估其科学性和有效性。例如企业可以通过风险监控系统、风险预警指标、风险分析工具等方法，实时监控企业面临的各类风险；通过风险监控记录和风险监控报告，了解风险监控的历史记录和风险监控情况。审计人员应检查这些风险监控方法的具体实施情况，评估其效果和可行性，发现并纠正可能存在的问题和不足。

审计人员应关注企业的风险监控效果和改进措施。多维风险监控机制设计的目的是为企业的综合风险管理提供依据，审计人员需要评估企业的风险监控效果的准确性和可靠性。例如企业可以通过风险监控结果，制定和实施风险应对措施，降低风险的发生概率和影响；通过风险监控结果的跟踪和分析，发现和解决风险管理中的问题。审计人员应检查企业的风险监控效果和改进措施，评估其科学性和合理性，确保企业的综合风险管理能够实现预期的目标和效果。通过详细的审计，审计人员可以帮助企业提高多维风险监控机制的科学性和规范性，确保企业的综合风险管理能够为风险决策提供有力支持。

（三）跨部门风险管理协同审查

跨部门风险管理协同是企业综合风险管理的关键环节，其目的是通过部门间的协同和合作，提高企业的风险管理水平，降低企业面临的各类风险。审计人员在进行跨部门风险管理协同审查时，首先需要审查企业的跨部门风险管理制度。企业应当建立完善的跨部门风险管理制度，明确跨部门风险管理的原则、方法和程序，确保跨部门风险管理的规范性和科学性。审计人员应检查企业的跨部门风险管理制度文件，评估其设计的合理性和科学性，并检查制度的执行情况，确保其在实际操作中得到了有效落实。

审计人员应重点审查企业的跨部门风险管理协同措施。跨部门风险管理协同措施是综合风险管理的核心环节，企业应当通过科学的方法和程序，确保跨部门风险管理协同的有效性和可靠性。审计人员需要检查企业的跨部门风险管理协同措施，评估其科学性和有效性。例如企业可以通过跨部门风险管理会议、跨部门风险管理工作组、跨部门风险管理报告等方式，促进部门间的协同和合作；通过跨部门风险管理记录和跨部门风险管理报告，了解跨部门风险管理的历史记录和跨部门风险管理情况。审计人员应检查这些跨部门风险管理协同措施的具体实施情况，评估其效果和可行性，发现并纠正可能存在的问题和不足。

（四）综合风险应急预案评估

综合风险应急预案评估是企业综合风险管理的重要环节，其目的是通过科学合理的应急预案，提高企业应对突发风险事件的能力，降低突发风险事件的影响。审计人员在进行综合风险应急预案评估时，首先需要审查企业的应急预案制度。企业应当建立完善的应急预案制度，明确应急预案的原则、方法和程序，确保应急预案的规范性和科学性。审计人员应检查企业的应急预案制度文件，评估其设计的合理性和科学性，并检查制度的执行情况，确保其在实际操作中得到了有效落实。

审计人员应重点审查企业的应急预案内容。应急预案内容是综合风险管理的核心环节，企业应当通过科学的方法和程序，确保应急预案内容的有效性和可靠性。审计人员需要检查企业的应急预案内容，评估其科学性和有效性。例如企业可以通过应急预案演练、应急预案评估、应急预案修订等方法，确保应急预案的有效性和可行性；通过应急预案记录和应急预案报告，了解应急预案的历史记录和应急预案情况。审计人员应检查这些应急预案内容的具体实施情况，评估其效果和可行性，发现并纠正可能存在的问题和不足。

审计人员应关注企业的应急预案效果和改进措施。综合风险应急预案评估的目的是为企业的综合风险管理提供依据，审计人员需要评估企业的应急预案效果的准确性和可靠性。例如企业可以通过应急预案效果评估，制定和实施应急应对措施，降低突发风险事件的影响；通过应急预案效果的跟踪和分析，发现和解决应急管理中的问题。审计人员应检查企业的应急预案效果和改进措施，评估其科学性和合理性，确保企业的综合风险管理能够实现预期的目标和效果。通过详细的审计，审计人员可以帮助企业提高综合风险应急预案评估的科学性和规范性，确保企业的综合风险管理能够为风险决策提供有力支持。

❖ 第三节　信息化环境下的内部审计策略

信息化环境下的内部审计策略需要充分利用现代信息技术手段，以提升审计效率和质量，并有效应对信息化带来的新风险和挑战。信息化审计应当采用先进的数据分析工具和技术，通过大数据分析、数据挖掘等手段，对海量数据进行全面的审查和分析，发现潜在的问题和风险。这不仅提高了审计的覆盖面和精确度，还能够及时识别异常和漏洞，增强风险预警能力。例如信息系统的安全性和可靠性是信息化审计的重要内容。审计人员需要评估企业信息系统的安全措施，包括防火墙、入侵检测系统、数据加密和访问控制等，确保信息系统的防护能力。

还应关注信息系统的运行和维护管理，确保系统的稳定性和持续可用性。审计人员应定期进行信息系统审计，识别和解决系统中的安全隐患和管理漏洞。信息化审计还应重视企业内部控制和治理结构的评估。信息技术的广泛应用改变了企业的业务流程和管理模式，审计人员需要评估这些变化对内部控制体系的影响，确保企业在信息化环境下依然保持有效的内部控制和风险管理。通过对信息系统的流程控制、权限管理和操作记录的审查，审计人员能够发现并纠正可能存在的内控缺陷和管理漏洞。

信息化环境下的审计人员应具备较高的专业素质和技术能力。审计人员需要不断学习和掌握新的信息技术和审计方法，提升自身的技术水平和专业能力，以适应信息化环境的变化和需求。通过建立信息化审计团队，企业可以在提升审计效率和质量的有效应对信息化带来的新风险和挑战。综上所述，信息化环境下的内部审计策略需要结合先进的信息技术手段，提升审计效率和质量，同时注重信息系统安全性、内部控制和治理结构的评估，以及审计人员专业素质和技术能力的提升，以全面应对信息化带来的新风险和挑战，确保企业的稳健运营和持续发展。

一、信息化对内部审计的影响

（一）审计范围和深度的扩展

信息化的迅猛发展大幅扩展了内部审计的范围和深度。传统的审计方法依赖于有限的财务数据和现场检查，往往只能覆盖企业的一部分业务流程。而信息化环境下，企业的运营数据通过信息系统实时记录和存储，内部审计可以通过访问这些系统，获取全面而详细的数据，从而覆盖企业的所有业务环节。这不仅提高了审计的全面性，还使审计能够深入到以往难以触及的领域，如实时监控的生产过程、供应链管理的各个环节等。信息化使得审计能够跨越时间和空间的限制，审计人员可以远程访问企业数据，实现异地审计，从而进一步扩展了审计的范围和深度。

信息化还促使审计从事后审计转向事中、事前审计。通过实时数据分析和监控，审计人员可以在业务活动进行的过程中发现问题并及时介入，而不是等到事后进行查漏补缺。这种实时审计方式提高了问题发现的及时性和处理的有效性，能够帮助企业在问题萌芽阶段就采取纠正措施，降低风险。信息化环境下的预测分析技术，使得审计人员可以根据历史数据和趋势分析，对未来可能出现的问题进行预测和预防，从而进一步提升审计的深度和前瞻性。

信息化还改变了审计的对象和内容。随着信息技术的应用，企业的业务流程、管理模式和组织结构都发生了显著变化，新的业务模式和技术应用如电子商务、云计算、物联网等，带来了新的审计需求。内部审计需要评估这些新技术和新业务模式的风险，审查其合规性和安全性，确保企业在信息化进程中稳健发展。例如审计人员需要评估云计算服务的安全性，审查企业在使用外部云服务提供商时的数据安全和隐私保护措施；评估物联网设备的安全性，确保其不会成为网络攻击的入口。这些新的审计内容大大扩展了内部审计的范围和深度，提升了其在企业风险管理中的重要性。

（二）审计效率和准确性的提升

信息化极大地提升了内部审计的效率和准确性。传统审计方法往往需要耗费大量的时间和人力进行数据收集、整理和分析，而信息化手段的应用，使得这些过程变得自动化和智能化。审计人员可以通过审计软件和数据分析工具，快速从企业的各类信息系统中提取和整合所需数据，进行高效的分析和比对。这不仅缩短了审计周期，提高了审计效率，还降低了人工操作的错误率，提升了审计结果的准确性和可靠性。

信息化还使得审计工作能够处理海量数据和复杂数据。传统审计方法在面对大量数据和复杂数据时往往力不从心，难以发现隐藏在数据中的问题和风险。而现代数据分析技术，如大数据分析、机器学习和人工智能，可以帮助审计人员从海量数据中挖掘出有价值的信息，识别数据中的异常和趋势。例如通过大数据分析，审计人员可以发现销售数据中的异常模式，识别潜在的欺诈行为；通过机器学习算法，审计人员可以预测未来可能发生的财务风险。这些技术手段的应用，使得审计工作能够更加深入和细致，发现以往难以察觉的问题和风险，提升了审计的准确性。

（三）审计人员技能要求的变化

信息化环境下，内部审计对审计人员的技能要求发生了显著变化。传统的审计工作主要依赖于财务和会计知识，而信息化审计需要审计人员掌握更多的信息技术技能和数据分析能力。审计人员需要了解信息系统的运行原理，掌握数据采集、存储和处理的方法，能够使用各种数据分析工具和技术，如 SQL、Python、数据挖掘和机器学习等，对企业数据进行深入分析和处理。这种跨领域的技能要求，使得审计人员不仅要具备传统的审计知识，还需要不断学习和掌握新的信息技术和数据分析方法，以适应信息化环境下的审计需求。

信息化还要求审计人员具备更强的风险意识和管理能力。信息技术的广泛应用，带来了新的风险和挑战，如网络攻击、数据泄露、系统故障等，这些风险不仅涉及技术层面，还涉及管理和合规等多个方面。审计人员需要具备全面的风险管理知识，能够识别和评估信息化带来的各种风险，并制定和实施有效的风险控制措施。审计人员还需要具备良好的沟通和协调能力，能够与企业的 IT 部门、业务部门和管理层进行有效沟通和合作，共同应对信息化带来的风险和挑战。

信息化环境下审计人员的职业发展路径和培训需求也发生了变化。为了适应信息化审计的要求，审计人员需要不断提升自身的专业素质和技能水平。企业应当为审计人员提供系统的培训和教育机会，帮助他们掌握最新的信息技术和数据分析方法，提升其信息化审计的能力。审计人员也需要主动学习和积累相关知识，不断更新和扩展自己的技能和知识体系。通过系统的培训和持续的学习，审计人员可以不断提升自己的专业素质和能力，适应信息化环境下的审计需求，推动内部审计工作的不断进步和发展。

（四）信息系统依赖风险的增加

信息化环境下，企业在享受信息技术带来便利的同时也面临着信息系统依赖风险的增加。信息系统在企业运营和管理中的广泛应用，使得企业对信息系统的依赖程度不断提高，一旦信息系统发生故障或受到攻击，将对企业的正常运营和财务状况造成严重影响。审计人员在评估信息系统依赖风险时，首先需要识别企业关键业务流程中依赖的信息系统,评估其重要性和潜在风险。例如企业的财务管理系统、生产控制系统、供应链管理系统等,都是企业运营中至关重要的信息系统,一旦这些系统出现问题,将直接影响企业的正常运营和财务健康。

信息系统依赖风险的增加,还带来了信息安全风险的上升。随着信息技术的广泛应用,企业的信息系统和数据面临着越来越多的安全威胁,如网络攻击、病毒入侵、数据泄露等。这些安全威胁不仅会导致企业信息系统的瘫痪,还可能造成企业敏感信息的泄露,给企业带来巨大的经济损失和声誉损害。审计人员需要评估企业的信息安全管理措施,确保企业采取了有效的安全防护措施,如防火墙、入侵检测系统、数据加密等,保护信息系统和数据的安全。审计人员还需要检查企业的信息安全管理制度,确保企业建立了完善的信息安全管理体系,能够及时发现和应对信息安全威胁。

二、大数据环境下的审计技术与方法

(一) 数据采集与整合技术

在大数据环境下,数据采集与整合技术成为内部审计的重要环节,其目的是通过高效的数据采集和整合,为审计分析提供全面而准确的数据基础。审计人员在进行数据采集与整合时,首先需要识别和确定数据源。企业的业务数据来源广泛,可能包括财务系统、销售系统、生产系统、供应链系统等,审计人员需要全面识别这些数据源,确保数据的全面性和准确性。通过数据接口和数据抓取工具,审计人员可以从各个数据源中自动提取所需数据,减少人工操作的错误和工作量,提高数据采集的效率和准确性。

数据整合是数据采集的延续和补充,其目的是将来自不同数据源的数据进行清洗、转换和整合,形成统一的数据集,为审计分析提供支持。在数据整合过程中,审计人员需要对数据进行清洗,去除重复和错误数据,确保数据的准确性和完整性。审计人员需要对数据进行转换,将不同格式和结构的数据转换为统一的格式,便于后续的数据分析和处理。通过数据仓库和数据湖等技术,审计人员可以将整合后的数据集中存储和管理,提供高效的数据访问和查询服务,为审计分析提供坚实的数据基础。

数据质量控制是数据采集与整合的关键环节,其目的是确保数据的准确性、完整性和一致性。在数据采集和整合过程中,审计人员需要建立和执行严格的数据质量控制措施,对数据的准确性、完整性和一致性进行全面检查和验证。例如通过数据比对和校验,审计人员可以发现和纠正数据中的错误和不一致;通过数据审核和审计,审计人员可以确保数据的真实性和可靠性。数据质量控制不仅提高了数据的准确性和可靠性,还为后续的审计分析提供了高质量的数据支持,确保审计结果的准确性和可信性。

(二) 数据分析与挖掘方法

数据分析与挖掘方法是大数据环境下内部审计的重要技术手段,其目的是通过对海量数据的分析和挖掘,发现潜在的问题和风险,为审计决策提供支持。审计人员在进行数据分析与挖掘时,首先需要选择和应用合适的数据分析方法。数据分析方法包括描述性分析、诊断性分析、预测性分析和规范性分析等,不同的数据分析方法适用于不同的审计需求。例如描述性分析可以帮助审计人员了解数据的基本特征和分布情况;诊断性分析可以帮助审计人员发现数据中的异常和问题;预测性分析可以帮助审计人员预测未来可能发生的风险和问题;规范性分析可以帮助审计人员制定和优化审计策略和措施。

数据挖掘是数据分析的高级阶段,其目的是通过对数据的深入分析和挖掘,发现隐藏在数据中的模式和关系,为审计提供更深层次的支持。数据挖掘方法包括分类、聚类、关联规则、回归分析等,审计人员可以根据具体的审计需求,选择和应用合适的数据挖掘方法。例如通过分类方法,审计人员可以将数据划分为不同的类别,识别不同类别之间的差异和关系;通过聚类方法,审计人员可以将数据聚合为不同的群组,发现数据中的模式和规律;通过关联规则,审计人员可以发现数据中的关联和依赖关系,为审计提供决策支持。数据挖掘不仅可以发现数据中的异常和问题,还可以揭示数据中的深层次模式和关系,为审计提供更深入的洞察和分析。

数据可视化是数据分析与挖掘的有效工具,其目的是通过图形化的方式展示数据分析和挖掘的结果，帮助审计人员更直观地理解和分析数据。数据可视化工具包括图表、图形、仪表盘等，审计人员可以根据具体的审计需求，选择和应用合适的数据可视化工具。例如通过图表和图形，审计人员可以展示数据的分布和趋势，发现数据中的异常和问题；通过仪表盘，审计人员可以实时监控和分析关键审计指标，发现和应对潜在的风险和问题。数据可视化不仅提高了数据分析和挖掘的效率和效果，还增强了审计人员对数据的理解和分析能力，为审计决策提供了有力支持。

（三）异常检测与风险预警技术

异常检测与风险预警技术是大数据环境下内部审计的重要手段，其目的是通过对数据的异常检测和风险预警，及时发现和应对潜在的问题和风险，提高审计的有效性和及时性。审计人员在进行异常检测与风险预警时，首先需要选择和应用合适的异常检测方法。异常检测方法包括统计分析、机器学习、规则引擎等，不同的异常检测方法适用于不同的审计需求。例如通过统计分析，审计人员可以识别数据中的异常值和异常模式；通过机器学习，审计人员可以建立和训练异常检测模型，自动识别数据中的异常和问题；通过规则引擎，审计人员可以根据预定义的规则和标准，检测和识别数据中的异常行为。异常检测方法的选择和应用，不仅提高了异常检测的准确性和可靠性，还增强了审计人员对异常数据的识别和分析能力。

风险预警是异常检测的延续和补充，其目的是通过对数据的实时监控和分析，及时发现和预警潜在的风险和问题，提高审计的及时性和有效性。审计人员在进行风险预警时，首先需要建立和配置风险预警系统。风险预警系统包括预警指标、预警模型、预警规则等，审计人员可以根据具体的审计需求，设置和配置合适的风险预警系统。例如通过设置预警指标，审计人员可以实时监控和分析关键审计指标的变化情况，发现和预警潜在的风险和问题；通过建立预警模型，审计人员可以根据历史数据和趋势分析，预测未来可能发生的风险和问题；通过配置预警规则，审计人员可以根据预定义的规则和标准，自动检测和识别数据中的风险行为。风险预警系统的建立和配置，不仅提高了风险预警的准确性和及时性，还增强了审计人员对风险的识别和应对能力。

异常检测与风险预警的结果需要及时反馈和处理，其目的是通过对异常和风险的及时反馈和处理，降低异常和风险带来的负面影响，提高审计的有效性和可靠性。审计人员在进行异常检测与风险预警结果的反馈和处理时，首先需要建立和执行异常和风险处理机制。异常和风险处理机制包括异常和风险报告、异常和风险处理流程、异常和风险处理记录等，审计人员可以根据具体的审计需求，设置和执行合适的异常和风险处理机制。

（四）数据可视化与报告生成工具

数据可视化与报告生成工具是大数据环境下内部审计的重要工具，其目的是通过图形化和自动化的方式展示和生成审计分析和结果，提高审计的效率和效果。审计人员在进行数据可视化与报告生成时，首先需要选择和应用合适的数据可视化工具。数据可视化工具包括图表、图形、仪表盘等，审计人员可以根据具体的审计需求，选择和应用合适的数据可视化工具。例如通过图表和图形，审计人员可以展示数据的分布和趋势，发现数据中的异常和问题；通过仪表盘，审计人员可以实时监控和分析关键审计指标，发现和应对潜在的风险和问题。数据可视化工具的选择和应用，不仅提高了数据分析和展示的效率和效果，还增强了审计人员对数据的理解和分析能力，为审计决策提供了有力支持。

报告生成工具是数据可视化的延续和补充，其目的是通过自动化的方式生成审计报告，提高审计报告的效率和质量。审计人员在进行报告生成时，首先需要选择和应用合适的报告生成工具。报告生成工具包括模板、脚本、自动化生成工具等，审计人员可以根据具体的审计需求，选择和应用合适的报告生成工具。例如通过模板，审计人员可以快速生成规范化的审计报告，确保报告的格式和内容符合标准和要求；通过脚本，审计人员可以自动生成和更新审计报告，减少人工操作的错误和工作量；通过自动化生成工具，审计人员可以根据数据分析和挖掘的结果，自动生成图表和报告，提高报告的准确性和可靠性。报告生成工具的选择和应用，不仅提高了审计报告的效率和质量，还增强了审计人员的报告生成能力，为审计决策提供了高质量的报告支持。

数据可视化与报告生成的结果需要及时反馈和应用，其目的是通过对数据可视化和报告生成结果的及时反馈和应用，提高审计的有效性和可靠性。审计人员在进行数据可视化与报告生成结果的反馈和应用时，首先需要建立和执行数据可视化和报告生成的反馈机制。数据可视化和报告生成的反馈机制包括反馈报告、反馈流程、反馈记录等，审计人员可以根据具体的审计需求，设置和执行合适的反馈机制。例如通过反馈报告，审计人员可以及时报告和反馈数据可视化和报告生成的结果，确保相关部门和人员能够及时了解和应用；通过反馈流程，审计人员可以制定和执行合理的数据可视化和报告生成的反馈措施，确保数据可视化和报告生成结果得到及时和有效的应用；通过反馈记录，审计人员可以记录和跟踪数据可视化和报告生成的反馈过程，确保反馈的完整性和可追溯性。数据可视化与报告生成结果的反馈和应用，不仅提高了数据可视化和报告生成的有效性和可靠性，还增强了审计人员对数据可视化和报告生成结果的应用和管理能力。

三、云计算与人工智能在审计中的应用

（一）云计算平台的审计功能

云计算平台的审计功能在现代审计中发挥着重要作用，其目的是通过云计算技术的应用，提高审计的效率和灵活性，同时降低成本。云计算平台提供了强大的数据存储和处理能力，审计人员可以通过云平台快速访问和分析海量数据，而无需依赖本地的计算资源。这不仅大大提高了审计工作的效率，还使得审计工作更加灵活，审计人员可以在任何时间和地点进行数据分析和审计操作。云计算平台还提供了多种审计工具和服务，如数据备份、灾难恢复、安全管理等，帮助审计人员更好地管理和保护审计数据。

云计算平台还支持协同审计，提高团队合作的效率和效果。通过云平台，审计团队可以共享数据和分析结果，实时协同工作。这种协同审计模式不仅提高了团队的工作效率，还增强了审计的全面性和准确性。例如团队成员可以在云平台上同时访问和分析同一数据集，进行分工合作，共同完成复杂的审计任务。云平台还提供了实时沟通和协作工具，审计人员可以随时进行讨论和交流，解决审计

过程中遇到的问题。通过云计算平台的协同审计功能，审计团队可以更好地发挥集体智慧和力量，提高审计工作的整体质量和效果。

云计算平台的安全性和合规性是审计中的重要考虑因素。尽管云计算提供了许多便利和优势，但同时也带来了数据安全和隐私保护的挑战。审计人员需要评估云计算平台的安全措施，确保其符合相关的安全标准和法规要求。例如审计人员需要检查云平台的数据加密、访问控制、身份认证等安全措施，评估其对数据的保护能力。审计人员还需要审查云平台的合规性，确保其符合相关的法律法规和行业标准。通过对云计算平台安全性和合规性的审计，审计人员可以帮助企业降低数据泄露和违规风险，确保云计算平台的安全可靠。

（二）人工智能在数据分析中的应用

人工智能在数据分析中的应用为审计工作带来了革命性的变化，其目的是通过智能化的数据分析技术，提高审计的效率和准确性。人工智能技术，如机器学习和深度学习，可以自动从海量数据中提取有价值的信息，识别复杂的模式和关系，为审计人员提供深入的洞察。

人工智能还可以用于预测分析，帮助审计人员预测未来可能发生的风险和问题。通过对历史数据的分析，人工智能算法可以建立预测模型，预测未来的趋势和变化。例如审计人员可以使用人工智能技术，预测企业的财务健康状况、市场风险、客户行为等，为企业的决策提供科学依据。预测分析不仅可以提高审计的前瞻性和预见性，还可以帮助企业提前采取防范措施，降低潜在的风险和损失。人工智能还可以用于优化审计策略和流程，通过对审计数据和结果的分析，优化审计方法和流程，提高审计的效率和效果。

人工智能在数据分析中的应用也带来了数据隐私和伦理问题。人工智能算法在分析数据时，可能会涉及个人隐私和敏感信息，审计人员需要确保这些数据在使用过程中的安全和合规。例如审计人员需要评估人工智能算法的数据保护措施，确保数据在传输、存储和处理过程中的安全性。人工智能算法的透明性和公平性也是审计中的重要考虑因素，审计人员需要确保算法的设计和应用不带有偏见和歧视，维护数据分析的公平性和公正性。通过对人工智能在数据分析中应用的审计，审计人员可以帮助企业在享受人工智能技术带来便利的有效应对数据隐私和伦理挑战，确保数据分析的安全和合规。

(三) 智能审计系统的设计与实施

智能审计系统的设计与实施是现代审计的重要创新，其目的是通过集成各种智能技术，打造高效、智能化的审计平台，提高审计的整体水平。智能审计系统集成了人工智能、大数据、云计算等先进技术，能够自动完成数据采集、分析、报告生成等审计任务，实现审计工作的自动化和智能化。审计人员在设计和实施智能审计系统时，首先需要明确系统的功能需求，确定系统需要实现的审计目标和任务。例如智能审计系统可以包括异常检测、风险预警、合规检查、报告生成等功能，满足不同审计需求。

智能审计系统的设计需要考虑系统的架构和技术选型。系统架构是智能审计系统设计的基础，决定了系统的整体框架和工作流程。审计人员需要根据系统的功能需求，设计合理的系统架构，确保系统的稳定性和可扩展性。例如系统可以采用模块化设计，将不同的审计功能模块化，便于系统的维护和升级。技术选型是智能审计系统设计的关键，审计人员需要选择合适的技术和工具，确保系统的高效运行。

智能审计系统的实施需要考虑系统的部署和运维。系统部署是智能审计系统实施的关键步骤，决定了系统的上线和运行效果。审计人员需要制定详细的系统部署计划，确保系统的顺利上线和稳定运行。例如制订系统测试计划，确保系统在正式上线前经过充分测试；制订系统部署计划，确保系统的顺利上线和稳定运行。系统运维是智能审计系统实施的重要环节，决定了系统的长期稳定运行。审计人员需要制订系统运维计划，确保系统的稳定性和安全性。例如制订系统维护计划，确保系统的正常运行和及时维护；制订系统安全计划，确保系统的安全性和可靠性。通过对智能审计系统的设计与实施，审计人员可以打造高效、智能化的审计平台，提高审计的整体水平。

四、信息化环境下审计风险的防控

(一) 信息系统安全风险防控

信息系统安全风险防控是信息化环境下内部审计的重要任务，其目的是通过评估和管理信息系统的安全性，确保审计工作的安全和有效。信息系统在企业运营中的广泛应用，使得信息系统安全成为审计中的重要关注点。审计人员在进行信息系统安全风险防控时，首先需要评估企业的信息系统安全管理措施。例如检查企业的信息系统防火墙、入侵检测系统、数据加密等安全措施，评估其对信息系统的保护能力；检查企业的信息系统安全策略和制度，评估其对信息系统安全的管理和控制能力。通过对信息系统安全管理措施的评估，审计人员可以发现和识别信息系统中的安全隐患和风险，提出改进建议，提高信息系统的安全性和可靠性。

信息系统的安全性还需要考虑外部威胁和内部威胁的防控。外部威胁包括黑客攻击、病毒感染、网络钓鱼等，审计人员需要评估企业的外部威胁防控措施。例如检查企业的网络安全防护措施，评估其对外部攻击的防护能力；检查企业的病毒防护和反恶意软件措施，评估其对病毒感染的防护能力。内部威胁包括员工的不当行为、权限滥用、数据泄露等，审计人员需要评估企业的内部威胁防控措施。例如检查企业的权限管理和访问控制措施，评估其对内部威胁的控制能力；检查企业的员工安全培训和行为规范，评估其对内部威胁的预防能力。通过对外部威胁和内部威胁的防控，审计人员可以帮助企业全面提高信息系统的安全性，降低信息系统安全风险。

信息系统安全风险的防控还需要建立和完善安全事件响应机制。安全事件响应机制是信息系统安全管理的重要组成部分，其目的是通过及时和有效的响应，降低安全事件的影响和损失。审计人员在评估安全事件响应机制时，首先需要检查企业的安全事件响应计划和流程。例如检查企业的安全事件报告和响应流程，评估其对安全事件的处理能力；检查企业的安全事件应急预案，评估其对重大安全事件的应对能力。例如审计人员需要检查企业的安全事件演练和培训。例如检查企业的安全事件演练计划，评估其对安全事件的应对准备；检查企业的员工安全事件培训，评估其对安全事件的应对能力。通过对安全事件响应机制的评估，审计人员可以帮助企业建立和完善安全事件响应机制，提高企业对安全事件的应对和处理能力，降低信息系统安全风险。

（二）数据完整性与准确性保障

数据完整性与准确性保障是信息化环境下内部审计的重要任务，其目的是通过评估和管理数据的完整性和准确性，确保审计工作的可靠性和有效性。数据是审计的基础，数据的完整性和准确性直接影响审计的质量和结果。审计人员在进行数据完整性与准确性保障时，首先需要评估企业的数据管理措施。例如检查企业的数据采集、存储、处理等环节的管理措施，评估其对数据完整性和准确性的保障能力；检查企业的数据备份和恢复措施，评估其对数据完整性和准确性的保护能力。通过对数据管理措施的评估，审计人员可以发现和识别数据管理中的问题和风险，提出改进建议，提高数据的完整性和准确性。

数据的完整性与准确性还需要考虑数据质量控制措施。数据质量控制措施是确保数据完整性和准确性的关键环节，其目的是通过系统的控制和管理，确保数据的准确性和可靠性。审计人员在评估数据质量控制措施时，首先需要检查企业的数据质量控制策略和制度。例如检查企业的数据质量控制标准和流程，评估其对数据质量的控制能力；检查企业的数据质量审核和校验措施，评估其对数据质量的保障能力。例如审计人员需要检查企业的数据质量管理工具和技术。例如检查企业的数据质量管理软件，评估其对数据质量的管理和控制能力；检查企业的数据质量分析和监控工具，评估其对数据质量的监控和分析能力。通过对数据质量控制措施的评估，审计人员可以帮助企业建立和完善数据质量控制体系，提高数据的完整性和准确性。

数据完整性与准确性的保障还需要考虑数据变更和更新的管理。数据变更和更新是数据管理中的重要环节，其目的是通过合理的数据变更和更新管理，确保数据的及时性和准确性。审计人员在评估数据变更和更新管理时，首先需要检查企业的数据变更和更新策略。例如检查企业的数据变更和更新流程，评估其对数据变更和更新的管理能力；检查企业的数据变更和更新记录，评估其对数据变更和更新的追踪能力。例如审计人员需要检查企业的数据变更和更新控制措施。例如检查企业的数据变更和更新审批流程，评估其对数据变更和更新的控制能力；检查企业的数据变更和更新测试措施，评估其对数据变更和更新的验证能力。通过对数据变更和更新管理的评估，审计人员可以帮助企业建立和完善数据变更和更新管理体系，提高数据的完整性和准确性。

(三) 网络攻击与数据泄露防范

网络攻击与数据泄露防范是信息化环境下内部审计的重要任务，其目的是通过评估和管理网络安全措施，确保企业的信息系统和数据的安全性。网络攻击和数据泄露是信息系统安全的主要威胁，审计人员在进行网络攻击与数据泄露防范时，首先需要评估企业的网络安全管理措施。例如检查企业的防火墙、入侵检测系统、防病毒软件等网络安全措施，评估其对网络攻击的防护能力；检查企业的网络安全策略和制度，评估其对网络安全的管理和控制能力。通过对网络安全管理措施的评估，审计人员可以发现和识别网络安全中的问题和风险，提出改进建议，提高企业的网络安全水平。

网络攻击与数据泄露的防范还需要考虑网络安全监控和预警措施。网络安全监控和预警措施是确保网络安全的关键环节，其目的是通过实时监控和预警，及时发现和应对网络攻击和数据泄露事件。审计人员在评估网络安全监控和预警措施时，首先需要检查企业的网络安全监控系统。例如检查企业的网络安全监控工具和技术，评估其对网络攻击和数据泄露的监控能力；检查企业的网络安全监控记录和报告，评估其对网络安全事件的记录和分析能力。例如审计人员需要检查企业的网络安全预警机制。例如检查企业的网络安全预警指标和模型，评估其对网络安全事件的预警能力；检查企业的网络安全预警流程和措施，评估其对网络安全事件的应对能力。通过对网络安全监控和预警措施的评估，审计人员可以帮助企业建立和完善网络安全监控和预警体系，提高企业对网络攻击和数据泄露的防范能力。

网络攻击与数据泄露的防范还需要考虑数据保护和隐私保护措施。数据保护和隐私保护是信息系统安全的重要组成部分，其目的是通过合理的数据保护和隐私保护措施，确保企业的数据安全和隐私保护。审计人员在评估数据保护和隐私保护措施时，首先需要检查企业的数据保护策略和制度。例如检查企业的数据加密、访问控制、身份认证等数据保护措施，评估其对数据的保护能力；检查企业的数据保护记录和报告，评估其对数据保护的管理和控制能力。例如审计人员需要检查企业的隐私保护措施。例如检查企业的隐私政策和措施，评估其对个人隐私的保护能力；检查企业的隐私保护记录和报告，评估其对隐私保护的管理和控制能力。通过对数据保护和隐私保护措施的评估，审计人员可以帮助企业建立和完善数据保护和隐私保护体系，提高企业对网络攻击和数据泄露的防范能力。

（四）信息化审计的合规性与伦理问题

信息化审计的合规性与伦理问题是现代审计的重要关注点，其目的是通过评估和管理信息化审计的合规性和伦理问题，确保审计工作的合法性和公正性。信息化审计涉及大量的数据和信息，审计人员在进行信息化审计时，首先需要评估审计的合规性。例如检查审计过程中是否遵守相关的法律法规和行业标准，评估其合规性；检查审计过程中的数据保护和隐私保护措施，评估其合法性和合理性。通过对审计合规性的评估，审计人员可以确保审计工作的合法性，避免法律风险。

信息化审计的伦理问题是审计中的重要考虑因素。审计人员在进行信息化审计时，需要遵循职业道德和伦理原则，确保审计工作的公正性和透明性。例如审计人员需要保持独立性和客观性，不受外界干扰和影响；需要保护审计对象的隐私和机密信息，不泄露和滥用审计信息；需要遵循审计程序和标准，确保审计结果的准确性和可靠性。通过对审计伦理问题的评估，审计人员可以确保审计工作的公正性和透明性，维护审计的职业道德和伦理。

信息化审计的合规性与伦理问题还需要考虑审计人员的职业素质和培训。审计人员需要具备良好的职业素质和技能，能够胜任信息化审计的要求。例如审计人员需要具备扎实的信息技术知识和数据分析能力，能够熟练使用各种审计工具和技术；需要具备良好的沟通和协调能力，能够与企业的各部门和人员进行有效沟通和合作；需要具备强烈的责任感和职业道德，能够坚持原则，恪守职业道德。通过对审计人员职业素质和培训的评估，审计人员可以不断提升自身的专业素质和能力，适应信息化审计的要求，提高审计工作的质量和效果。

❖ 第四节 内部审计策略的创新与实践

内部审计策略的创新与实践是现代企业确保运营合规性和效率的关键。通过引入先进的信息技术，如大数据分析、人工智能和云计算，内部审计的效率和准确性得到显著提升。这些技术不仅扩展了审计范围和深度，还使实时监控和预测分析成为可能，进一步增强了风险管理能力。智能审计系统的设计与实施，使审计工作流程实现了高度自动化和智能化，提高了审计的灵活性和响应速度。在实践中，企业通过不断优化审计流程和工具，加强审计人员的专业培训，确保审计人员具备必要的信息技术和数据分析能力。强调审计工作的合规性和伦理问题，确保审计过程的透明性和公正性。内部审计策略的创新不仅提升了审计工作的质量和效率，还为企业的风险管理和决策提供了有力支持，推动企业在复杂多变的市场环境中实现稳健发展。

一、内部审计策略的创新方向

（一）数据分析技术的应用

随着信息技术的发展，数据分析在内部审计中的应用日益广泛。通过大数据和人工智能技术，内部审计可以更全面地获取和分析企业的运营数据，从而发现潜在的风险和机会。数据分析不仅提高了审计的效率，还增强了审计结果的准确性。例如通过数据挖掘技术，可以快速识别出异常交易和财务报表中的错误，从而及时采取纠正措施，防范风险。人工智能技术的应用，也使得内部审计能够自动化处理大量的基础审计工作，将审计人员从繁琐的事务性工作中解放出来，使其能够专注于更高层次的分析和决策。

（二）风险导向审计的强化

传统的内部审计多以合规性检查为主，但随着企业环境的复杂化和不确定性的增加，风险导向审计成为一种更加有效的审计策略。风险导向审计强调以风险为基础，识别和评估企业面临的各类风险，并针对这些风险制订审计计划和执行审计程序。这种审计方式不仅能够提高审计工作的针对性和有效性，还能够帮助企业更好地识别和应对潜在的风险。在风险导向审计中，内部审计师需要具备较强的风险管理能力和行业知识，能够深入理解企业的业务流程和风险点，从而提供更有价值的审计建议。

（三）协同审计的推进

协同审计是一种将内部审计与其他职能部门或外部审计机构进行合作的审计模式。通过协同审计，内部审计可以借助外部资源和专业知识，提高审计工作的广度和深度。例如在进行信息技术审计时，可以与信息技术部门合作，借助其专业知识对系统安全性和数据完整性进行全面检查。在财务审计中，可以与外部审计师合作，共享审计资源和审计发现，提高审计的效率和质量。协同审计不仅能够优化审计资源的配置，还能够促进不同部门之间的信息交流和协作，有助于全面提升企业的治理水平。

二、内部审计与外部资源的整合

（一）与外部审计机构的合作

内部审计与外部审计机构的合作是资源整合的重要形式之一。外部审计机构通常具备丰富的审计经验和专业知识，可以为内部审计提供宝贵的参考和支持。通过与外部审计机构的合作，内部审计可以获取最新的审计技术和方法，提高审计工作的专业性和科学性。例如在进行财务报表审计时，内部审计可以借鉴外部审计的审计程序和技术手段，提高审计的准确性和可靠性。内部审计与外部审计的合作还可以避免重复审计，降低审计成本，提高审计效率。

（二）利用咨询公司的专业知识

咨询公司在内部控制、风险管理和治理结构方面拥有丰富的经验和专业知识。内部审计可以通过与咨询公司合作，借助其专业知识和经验，提高审计工作的深度和广度。例如在进行风险评估时，内部审计可以邀请咨询公司参与，借助其专业的风险评估模型和方法，全面识别和评估企业面临的各类风险。咨询公司还可以为内部审计提供培训和指导，提升内部审计人员的专业能力和水平，从而提高审计工作的整体质量。

（三）与行业协会和学术机构的交流

行业协会和学术机构在审计领域有着深厚的研究基础和广泛的行业资源。内部审计可以通过与这些机构的交流和合作，获取最新的行业动态和研究成果，借鉴行业最佳实践，提升自身的审计能力和水平。例如内部审计可以参加行业协会组织的研讨会和培训班，了解最新的审计技术和方法，掌握行业的发展趋势。内部审计还可以与学术机构合作，开展审计课题研究，探索新的审计理论和方法，推动审计实践的不断创新和发展。

三、内部审计策略的实践案例分析

（一）某大型制造企业的内部审计创新

某大型制造企业为了应对日益复杂的市场环境和内部管理挑战，积极探索内部审计策略的创新。通过引入大数据分析技术，该企业的内部审计部门能够实时监控和分析企业的运营数据，及时发现潜在的风险和问题。例如在供应链管理方面，内部审计通过数据分析识别出供应商的风险点，从而及时采取应对措施，确保供应链的稳定和安全。该企业还采用了风险导向审计的方法，重点关注企业的战略风险和运营风险，提高审计工作的针对性和有效性。

（二）某金融机构的协同审计实践

某金融机构为了提升内部审计的效率和质量，积极推进协同审计的实施。通过与外部审计机构的合作，该金融机构的内部审计部门能够共享审计资源和审计发现，避免重复审计，降低审计成本。例如在进行内部控制审计时，内部审计与外部审计机构共同制定审计计划和审计程序，共享审计结果和审计意见，提高了审计工作的全面性和深度。该金融机构还与信息技术部门合作，开展信息系统审计，借助信息技术专家的专业知识，全面检查系统的安全性和数据的完整性。

（三）某零售企业的持续审计优化

某零售企业为了保持内部审计的高效运作，持续优化其内部审计策略。该企业引入了定期审计和持续审计相结合的模式，通过定期审计对企业的关键业务流程进行全面检查，通过持续审计对高风险领域进行实时监控和分析。例如在财务管理方面，定期审计可以全面检查财务报表的准确性和合规性，持续审计则可以实时监控财务交易的异常情况，及时发现和纠正错误。例如该企业还加强了内部审计人员的培训和能力建设，通过定期的培训和交流活动，不断提升审计人员的专业水平和业务能力，确保审计工作的质量和效率。

四、内部审计策略的持续优化

（一）定期评估和反馈机制的建立

为了确保内部审计策略的有效性，企业需要建立定期评估和反馈机制。通过定期评估内部审计工作的效果，及时发现和解决存在的问题，不断优化审计策略。例如可以定期召开内部审计工作会议，听取审计人员的工作汇报和意见建议，分析审计工作的成效和不足，制定相应的改进措施。企业还可以通过问卷调查等方式，收集被审计部门对审计工作的反馈意见，了解审计工作的实际效果和改进需求，从而不断优化审计策略，提升审计工作的质量和效率。

（二）内部审计人员的持续培训

内部审计人员的专业能力和水平直接影响到审计工作的质量和效果。为了保持审计工作的高效运作，企业需要加强内部审计人员的持续培训，通过定期的培训和交流活动，不断提升审计人员的专业水平和业务能力。例如可以邀请外部专家和学者开展专题讲座和培训班，介绍最新的审计技术和方法，分享行业最佳实践。企业还可以组织内部审计人员参加行业协会和学术机构的研讨会和培训班，了解行业的发展趋势和最新动态，提升自身的审计能力和水平。

（三）审计技术和方法的持续创新

随着企业环境的不断变化和技术的不断进步，内部审计需要不断创新审计技术和方法，以适应新的审计需求和挑战。例如可以引入大数据和人工智能技术，通过数据分析和挖掘，发现潜在的风险和问题，提供更加准确和及时的审计意见。还可以采用风险导向审计的方法，识别和评估企业面临的各类风险，制订相应的审计计划和程序，提升审计工作的针对性和有效性。通过不断创新审计技术和方法，内部审计可以更好地服务于企业的发展需求，提升企业的治理水平和运营效率。

第五章 内部审计在现代财务管理中的分析

❖ 第一节 内部审计在资金管理中的应用案例

内部审计在资金管理中的应用案例展示了其在保障企业资金安全和提升资金使用效率方面的重要作用。通过对某大型制造企业的内部审计实践分析，该企业引入了全面的资金管理审计机制。内部审计部门利用数据分析技术，对企业的资金流动进行实时监控，及时发现异常资金流动和潜在风险。通过分析银行对账单和财务报表，内部审计能够识别出资金使用中的不合理现象，如不正常的大额资金转移或重复支付。

内部审计则通过风险评估方法，对资金管理流程进行全面检查，确保资金使用的合规性和合理性。通过定期的资金审计，该企业不仅减少了资金流失风险，还优化了资金使用效率，确保每一笔资金的使用都符合企业的战略目标。内部审计与财务部门密切合作，建立了严格的资金审批和监督机制，有效防范了资金管理中的舞弊行为。整体来看，内部审计在资金管理中的应用，不仅提高了企业资金运作的透明度和安全性，还为企业的持续健康发展提供了坚实的保障。

一、资金集中管理的内部审计案例

（一）资金集中管理的重要性和背景

资金集中管理在现代企业财务管理中具有重要意义。通过集中管理，企业能够更有效地调配资源，提高资金利用效率，降低财务风险。在企业内部审计中，资金集中管理的审计是一个关键环节，它不仅可以发现和纠正潜在的问题，还能为企业的资金策略提供有力的支持。近年来，随着信息技术的进步和管理理念的创新，越来越多的企业开始重视资金集中管理，并通过内部审计来确保其有效性和安全性。

在资金集中管理的审计过程中，审计人员需要关注多个方面，包括资金的集中度、资金的流向、资金的使用效率等。还需要对资金集中管理的制度和流程进行审查，确保其符合相关法规和内部政策。通过审计，可以及时发现资金管理中的漏洞和风险点，从而采取相应的改进措施，提高资金管理的整体水平。

例如某大型制造企业在实施资金集中管理后，通过内部审计发现其子公司之间的资金调配不够合理，导致部分子公司资金紧张，而另一部分子公司则有闲置资金。通过审计，企业调整了资金调配方案，提高了资金的使用效率，减少了资金的浪费和财务风险。具体资金集中管理审计的各个关键步骤如图5-1所示。

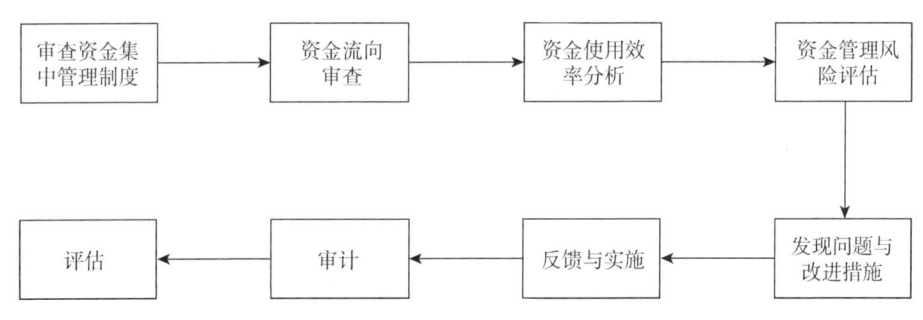

审查资金集中管理制度 → 资金流向审查 → 资金使用效率分析 → 资金管理风险评估 → 发现问题与改进措施 → 反馈与实施 → 审计 → 评估

图5-1 资金集中管理审计的各个关键步骤

（二）资金集中管理的审计流程和方法

在对资金集中管理进行内部审计时，需要遵循一定的审计流程和方法。审计人员需要了解企业的资金集中管理制度和流程，包括资金的集中方式、调配机制、审批流程等。通过对这些制度和流程的审查，可以初步判断企业的资金集中管理是否规范、有效。

审计人员需要对企业的资金流动情况进行详细分析。这包括对资金的来源、用途、流向等进行审查，确保资金的使用符合企业的战略目标和实际需求。在这个过程中，审计人员需要使用各种审计工具和技术，如数据分析、现场检查、访谈等，以获取全面、准确的信息。

（三）资金集中管理审计的实际案例分析

通过对实际案例的分析，可以更好地理解资金集中管理审计的具体实施和效果。例如某国际化企业在其全球子公司的资金管理中，采用了资金集中管理的模式。在内部审计中，审计人员发现该企业在资金集中过程中存在多种问题，如资金调配不及时、审批流程不完善、资金使用不透明等。这些问题不仅影响了企业的资金使用效率，还增加了财务风险。

针对这些问题，审计人员提出了一系列改进建议，如优化资金调配机制、完善审批流程、提高资金使用的透明度等。企业根据审计建议，进行了相应的调整和改进，资金集中管理的效果显著提高。资金调配更加合理，资金使用效率明显提升，财务风险也得到了有效控制。

这个案例表明，资金集中管理的内部审计对于发现和解决资金管理中的问题具有重要作用。通过有效的审计，企业可以及时发现资金管理中的不足，并采取相应的改进措施，提高资金管理的整体水平和效果。

二、现金流管理的内部审计实践

（一）现金流管理的重要性和审计目标

现金流管理是企业财务管理的核心内容之一，它直接关系到企业的生存和发展。通过有效的现金流管理，企业能够确保日常经营活动的顺利进行，及时履行各项财务义务，降低资金成本，提高资金使用效率。在内部审计中，现金流管理的审计是一个重要环节，其目标是确保企业的现金流管理规范、有序、高效，防范和控制现金流风险。

审计人员在对现金流管理进行审计时，首先需要明确企业的现金流管理目标和政策。这包括企业的现金流预算、现金流预测、现金流监控等方面的内容。通过对这些目标和政策的审查，可以初步判断企业的现金流管理是否符合相关法规和内部控制要求。

在审计过程中，审计人员还需要关注企业的现金流入和现金流出情况。通过对企业的收入、支出、投资、融资等活动进行详细分析，确保企业的现金流管理透明、规范、合理，及时发现和纠正现金流管理中的问题，提高企业的现金流管理水平。

(二) 现金流管理审计的流程和技术

现金流管理的内部审计通常包括以下几个主要步骤：准备阶段、实施阶段和报告阶段。在准备阶段，审计人员需要了解企业的现金流管理制度和流程，制订详细的审计计划，明确审计目标和重点。在实施阶段，审计人员需要通过各种审计技术和方法，如数据分析、现场检查、访谈等，对企业的现金流管理进行全面、系统的审查。

在审计过程中，审计人员需要重点关注企业的现金流入和现金流出情况。这包括对企业的销售收入、采购支出、运营费用、投资活动、融资活动等进行详细分析，确保企业的现金流管理符合预算和计划，现金流量充足、稳定。审计人员还需要对企业的现金流预测和监控机制进行审查，确保其有效、可靠。

在报告阶段，审计人员需要对审计过程中发现的问题进行汇总和分析，编制审计报告，向企业管理层反馈审计结果和建议。通过审计报告，企业管理层可以及时了解现金流管理中的不足和风险点，采取相应的改进措施，提高现金流管理的整体水平和效果。

(三) 现金流管理审计的实际案例探讨

通过实际案例的分析，可以更好地理解现金流管理审计的具体实施和效果。例如某零售企业在其日常经营中，面临现金流管理的挑战。由于销售收入波动较大，采购支出和运营费用较高，该企业的现金流管理压力较大。在内部审计中，审计人员发现该企业在现金流管理中存在多种问题，如现金流预算不准确、现金流预测不及时、现金流监控不充分等。

针对这些问题，审计人员提出了一系列改进建议，如优化现金流预算编制流程、提高现金流预测的准确性、完善现金流监控机制等。企业根据审计建议，进行了相应的调整和改进，现金流管理的效果显著提高。现金流入和现金流出的平衡更加合理，现金流量更加稳定，企业的财务状况也得到了改善。

这个案例表明，现金流管理的内部审计对于发现和解决现金流管理中的问题具有重要作用。通过有效的审计，企业可以及时发现现金流管理中的不足，并采取相应的改进措施，提高现金流管理的整体水平和效果，确保企业的持续经营和发展。具体零售企业现金流管理审计案例分析如表 5-1 所示。

表 5-1 零售企业现金流管理审计案例分析

审计发现问题	描述	改进建议	改进效果
现金流预算不准确	现金流预算编制不科学，导致预算与实际现金流情况差距较大。	优化现金流预算编制流程，提高预算编制的科学性和准确性。	现金流预算与实际情况更加贴近，预算执行情况明显改善。
现金流预测不及时	现金流预测工作滞后，无法及时反映企业经营状况的变化。	提高现金流预测的频率和准确性，引入先进的数据分析工具和方法。	现金流预测的及时性和准确性大幅提升，企业对现金流变化的反应更加迅速。
现金流监控不充分	缺乏有效的现金流监控机制，导致现金流异常未能及时发现和处理。	完善现金流监控机制，建立实时监控系统，定期分析和报告现金流状况。	现金流监控更加及时和全面，企业能够迅速应对现金流异常，减少了资金紧张或浪费的情况。
综合效果	通过实施审计建议，企业的现金流管理得到了显著改善。	优化现金流管理流程和机制，提高现金流的稳定性和企业财务状况的整体健康度。	现金流入与现金流出的平衡更加合理，现金流量更加稳定，企业的财务状况明显改善。

三、资金风险管理的审计策略

（一）资金风险管理的意义和审计目标

资金风险管理是企业财务管理的重要组成部分，其目的是识别、评估和控制资金风险，确保企业的财务稳定和安全。随着市场环境的不断变化和企业经营规模的扩大，资金风险管理的重要性日益凸显。在内部审计中，资金风险管理的审计旨在评估企业的资金风险管理体系的有效性，识别潜在的资金风险，提出改进建议，帮助企业建立和完善资金风险管理机制。

审计人员在对资金风险管理进行审计时，首先需要明确企业的资金风险管理目标和策略。这包括企业对流动性风险、信用风险、市场风险、操作风险等各类资金风险的管理政策和措施。通过对这些目标和策略的审查，可以初步判断企业的资金风险管理是否符合相关法规和内部控制要求，是否具备应对各种风险的能力。

在审计过程中，审计人员还需要关注企业的资金风险识别、评估和控制情况。通过对企业的资金流动情况、财务状况、市场环境等进行详细分析，确保企业的资金风险管理透明、规范、有效，及时发现和纠正资金风险管理中的问题，提高企业的资金风险管理水平。

（二）资金风险管理审计的流程和技术

资金风险管理的内部审计通常包括以下几个主要步骤：准备阶段、实施阶段和报告阶段。在准备阶段，审计人员需要了解企业的资金风险管理制度和流程，制订详细的审计计划，明确审计目标和重点。在实施阶段，审计人员需要通过各种审计技术和方法，如风险评估、数据分析、现场检查、访谈等，对企业的资金风险管理进行全面、系统的审查。

在审计过程中，审计人员需要重点关注企业的资金风险识别和评估情况。这包括对企业的资金流动性、信用状况、市场波动、操作风险等进行详细分析，确保企业的资金风险管理措施有效、合理。审计人员还需要对企业的资金风险控制机制进行审查，确保其能够及时、有效地应对各种资金风险，保护企业的财务安全。

在报告阶段，审计人员需要对审计过程中发现的问题进行汇总和分析，编制审计报告，向企业管理层反馈审计结果和建议。通过审计报告，企业管理层可以及时了解资金风险管理中的不足和风险点，采取相应的改进措施，提高资金风险管理的整体水平和效果。

（三）资金风险管理审计的实际案例分析

通过实际案例的分析，可以更好地理解资金风险管理审计的具体实施和效果。例如某高科技企业在其快速发展的过程中，面临资金风险管理的挑战。由于市场竞争激烈、技术更新快、研发投入大，该企业的资金流动性风险和市场风险较高。在内部审计中，审计人员发现该企业在资金风险管理中存在多种问题，如资金流动性管理不力、信用风险评估不准确、市场风险应对措施不足等。

针对这些问题，审计人员提出了一系列改进建议，如加强资金流动性管理、提高信用风险评估的准确性、完善市场风险应对机制等。企业根据审计建议，进行了相应的调整和改进，资金风险管理的效果显著提高。资金流动性风险得到了有效控制，信用风险管理更加科学，市场风险应对措施更加完善，企业的财务稳定性也得到了提升。

这个案例表明，资金风险管理的内部审计对于发现和解决资金风险管理中的问题具有重要作用。通过有效的审计，企业可以及时发现资金风险管理中的不足，并采取相应的改进措施，提高资金风险管理的整体水平和效果，确保企业的财务安全和稳定发展。具体高科技企业资金风险管理审计案例分析如表5-2所示。

表5-2　高科技企业资金风险管理审计案例分析

审计发现问题	描述	改进建议	改进效果
资金流动性管理不力	企业的资金流动性管理不到位，导致短期资金需求难以满足，增加了财务压力。	加强资金流动性管理，建立更严格的资金流动性监控机制，设立合理的流动资金储备目标。	资金流动性风险得到了有效控制，企业能够更好地应对短期资金需求，财务稳定性增强。
信用风险评估不准确	对客户和合作伙伴的信用风险评估不充分，导致坏账风险增加，影响企业财务健康。	提高信用风险评估的准确性，引入先进的信用风险评估工具，定期更新和审核信用评估标准。	信用风险管理更加科学，坏账风险显著降低，企业的财务健康状况得到改善。
市场风险应对措施不足	企业在应对市场风险方面准备不足，特别是在面对技术变革和市场竞争时缺乏灵活的应对策略。	完善市场风险应对机制，制定多元化的市场风险应对方案，加强市场情报的收集和分析。	市场风险应对措施更加完善，企业在技术变革和市场竞争中更加主动，财务稳定性得到提升。
综合效果	通过实施审计建议，企业的资金风险管理得到了显著改善。	提升了资金流动性管理和信用风险管理的科学性，增强了市场风险应对能力。	资金流动性风险得到有效控制，信用风险和市场风险显著降低，企业的财务稳定性明显提升。

❖ 第二节　内部审计在投资决策中的作用

内部审计在投资决策中起着至关重要的作用，它不仅提供了对投资项目的客观评价和独立审视，还帮助企业识别潜在风险，优化资源配置，确保决策的科学性和合理性。通过系统化的审计流程，内部审计能够对投资项目的可行性、资金流动情况、风险因素等方面进行全面评估，揭示隐藏的问题和不足，为管理层提供有力的决策依据。内部审计在投资后续阶段的跟踪审查中，同样发挥着监督和控制作用，确保投资项目按计划执行，避免资金浪费和投资失败。例如内部审计在投资决策中不仅是风险管理的重要工具，更是提升企业投资效益和保障财务安全的重要手段，通过独立、客观、公正的审计活动，推动企业在复杂多变的市场环境中实现稳健发展。

一、投资项目可行性研究的审计

（一）可行性研究审计的重要性和目标

投资项目可行性研究的审计在企业投资决策中扮演着至关重要的角色，其主要目标是评估项目的经济可行性、技术可行性和市场可行性。通过审计，企业能够更全面地了解投资项目的潜在风险和收益，确保投资决策的科学性和合理性。在审计过程中，审计人员需要对项目的背景资料、市场分析、技术方案、财务预测等进行全面审查，确保可行性研究的内容真实、准确、完整。

经济可行性是审计的重点之一。审计人员需要对项目的成本、收益、现金流量、投资回报率等进行详细分析，确保项目在经济上具备可行性。这需要审计人员具备扎实的财务知识和丰富的实战经验，通过对各种财务数据和指标的审查，判断项目的经济效益和财务可行性。

（二）市场可行性的审计与评估

市场可行性是投资项目可行性研究的重要组成部分，其目的是评估项目在市场上的需求和竞争情况。审计人员需要对市场调研报告、市场分析数据、竞争对手情况等进行详细审查，确保项目在市场上具备可行性和竞争力。通过对市场环境、市场需求、市场竞争等因素的分析，审计人员可以判断项目的市场前景和发展潜力。

在市场可行性审计中，审计人员需要关注市场调研的真实性和可靠性。通过对市场调研过程、数据来源、分析方法等的审查，确保市场调研报告的科学性和准确性。审计人员还需要对市场分析数据进行验证，通过对市场需求预测、市场份额分析、竞争对手评估等的审查，判断项目在市场上的可行性和竞争优势。

审计人员还需要关注项目的市场定位和营销策略。通过对项目的市场定位、目标客户群体、营销渠道、推广策略等的审查，确保项目的市场策略具备可行性和执行力。通过对市场定位和营销策略的评估，审计人员可以帮助企业制订更为科学和合理的市场计划，提升项目的市场竞争力和成功概率。

（三）可行性研究报告的审计方法

可行性研究报告是投资项目决策的重要依据，审计人员需要对其进行全面、系统的审查。审计人员需要对可行性研究报告的编制过程进行审查，确保报告的编制过程规范、科学、透明。通过对编制人员的资质、编制过程的记录、数据来源的可靠性等的审查，确保可行性研究报告的权威性和可信度。

审计人员需要对可行性研究报告的内容进行详细审查。这包括对项目概况、市场分析、技术方案、财务预测、风险分析等内容的审查，确保报告内容全面、准确、完整。通过对报告内容的审查，审计人员可以发现报告中的潜在问题和不足，提出改进建议，帮助企业优化可行性研究报告，提升决策质量。

审计人员还需要对可行性研究报告的结论进行评估。通过对报告结论的合理性、科学性、可行性进行审查，判断项目的总体可行性。审计人员需要综合考虑项目的经济、技术、市场等多方面因素，形成独立、客观的审计意见，为企业的投资决策提供有力的支持和参考。

二、并购投资决策的内部审计

（一）并购目标企业的尽职调查审计

在并购投资决策中，尽职调查审计是确保并购成功的关键步骤。通过尽职调查审计，企业可以全面了解目标企业的财务状况、业务运营、法律合规等方面的信息，识别潜在风险，确保并购决策的科学性和合理性。审计人员在进行尽职调查时，需要对目标企业的财务报表、税务记录、债务状况、合同协议等进行详细审查，确保财务数据的真实性和准确性。

财务审计是尽职调查的核心内容。审计人员需要对目标企业的财务报表进行审查，包括资产负债表、损益表、现金流量表等。通过对财务报表的分析，审计人员可以了解目标企业的财务状况、盈利能力、现金流量等重要信息，评估其财务健康程度。审计人员还需要关注目标企业的税务记录，确保其税务合规，避免潜在的税务风险。

（二）并购交易结构的审计评估

在并购投资决策中，交易结构的设计对并购的成功至关重要。审计人员需要对并购交易的结构进行详细评估，确保其符合企业的战略目标和利益最大化。交易结构审计包括对并购价格、支付方式、融资方案、合同条款等的审查，通过对这些要素的评估，审计人员可以帮助企业优化交易结构，降低并购风险，提高并购效益。

并购价格的审计是交易结构审计的重要内容之一。审计人员需要对目标企业的估值方法、估值结果进行评估，确保并购价格的合理性和公允性。通过对估值方法的审查，审计人员可以判断估值的科学性和准确性，避免企业在并购中支付过高的溢价。审计人员还需要关注并购价格的支付方式，如现金支付、股票支付等，评估其对企业财务状况和现金流的影响。

融资方案的审计也是交易结构审计的重要组成部分。审计人员需要对并购融资的来源、成本、风险等进行详细分析，确保融资方案的可行性和合理性。通过对融资方案的评估，审计人员可以帮助企业选择最优的融资方式，降低融资成本，控制融资风险，提高并购的财务可行性和安全性。具体并购交易结构审计分析如表5-3所示。

表 5-3 并购交易结构审计分析

审计内容	描述	审计重点	审计效果
并购价格审计	对目标企业的估值方法和结果进行评估，确保并购价格的合理性和公允性。	审查估值方法的科学性和准确性，评估并购价格是否符合市场行情，判断是否存在过高溢价风险。	确保并购价格合理，避免支付过高溢价，维护企业的财务健康和投资效益。
支付方式审计	对并购交易的支付方式进行审查，评估其对企业财务状况和现金流的影响。	检查现金支付、股票支付等方式的财务影响，评估支付方式的灵活性和对现金流的要求。	优化支付方式，降低对现金流的压力，确保支付方式符合企业财务规划。
融资方案审计	对并购融资的来源、成本、风险等进行详细分析，确保融资方案的可行性和合理性。	评估融资来源的稳定性和多样性，分析融资成本和利率风险，审查融资方案的财务可行性。	选择最优融资方式，降低融资成本，控制融资风险，提高并购的财务可行性和安全性。
合同条款审计	审查并购合同中的关键条款，确保合同条款符合企业战略目标并最大化利益。	检查合同中关于价格调整、或有对价、违约条款等的规定，评估合同条款的合理性和风险点。	优化合同条款，确保交易安全和企业利益最大化，降低因合同条款不当引发的法律和财务风险。
综合审计效果	通过对并购交易结构的全面审计，优化并购方案，降低风险，提高并购成功率。	提高并购交易结构的合理性，降低并购风险，确保企业战略目标的实现	增强企业的并购效益，确保并购交易的长期可持续性和财务稳定性。

（三）并购整合过程中的审计监控

并购后的整合是并购成功的关键环节，审计人员需要对整合过程进行持续监控，确保整合计划的顺利实施和并购目标的实现。整合审计包括对组织结构调整、业务流程整合、文化融合、财务整合等方面的审查，通过对整合过程的监控，审计人员可以及时发现和解决整合中的问题，保障并购后的运营稳定和效益提升。

组织结构调整的审计是整合审计的重要内容之一。审计人员需要对并购后的组织结构进行评估，确保其符合企业的战略目标和管理需求。通过对组织结构调整方案的审查，审计人员可以判断调整的合理性和可行性，提出优化建议，帮助企业在并购后实现高效的组织管理和运营。

业务流程整合的审计也是整合审计的重要组成部分。审计人员需要对并购后的业务流程进行评估，确保其高效、顺畅、无缝衔接。通过对业务流程整合方案的审查，审计人员可以发现流程中的潜在问题和瓶颈，提出改进建议，帮助企业在并购后实现业务的高效整合和协同发展。

三、投资决策后评价的审计方法

（一）投资项目实施情况的审计评估

投资决策后评价的审计是确保投资项目顺利实施和实现预期目标的关键环节。审计人员需要对投资项目的实施情况进行全面评估，确保项目按计划推进，及时发现和解决实施中的问题，提高项目的执行效率和成功率。在审计过程中，审计人员需要关注项目的进度管理、成本控制、质量保证等方面，确保项目实施的规范性和有效性。

项目进度管理的审计是后评价审计的重要内容。审计人员需要对项目的进度计划、实际进度、进度差异等进行详细分析，确保项目按时完成。通过对项目进度的审查，审计人员可以发现进度滞后的原因，提出改进措施，帮助企业加快项目推进，提高项目的按时完成率。

（二）投资项目绩效的审计评估

投资项目绩效的审计评估是后评价审计的核心内容，其目的是评估项目的实际绩效与预期目标的差异，确保项目的实际收益符合预期。在审计过程中，审计人员需要对项目的财务绩效、运营绩效、市场绩效等进行全面评估，通过对绩效指标的分析，判断项目的实际效果和价值。

财务绩效的审计是绩效评估的重要内容之一。审计人员需要对项目的财务报表、收益情况、现金流量等进行详细分析，确保项目的财务状况良好、收益稳定。通过对财务绩效的审查，审计人员可以判断项目的经济效益和财务可行性，为企业的投资决策提供数据支持。

运营绩效的审计也是绩效评估的重要组成部分。审计人员需要对项目的运营情况、生产效率、资源利用等进行详细分析，确保项目的运营高效、顺畅。通过对运营绩效的审查，审计人员可以发现运营中的问题和不足，提出改进建议，帮助企业提高项目的运营效率和效果。

(三) 投资项目风险管理的审计评估

风险管理是投资项目成功的重要保障，审计人员需要对项目的风险管理进行全面评估，确保项目风险得到有效控制和管理。在审计过程中，审计人员需要关注项目的风险识别、风险评估、风险控制等方面，确保项目的风险管理体系健全、措施有效。

风险识别的审计是风险管理评估的重要内容。审计人员需要对项目的风险识别过程进行审查，确保风险识别的全面性和准确性。通过对风险识别的审查，审计人员可以判断项目是否识别了所有潜在风险，确保风险管理的基础工作扎实。

风险评估的审计也是风险管理评估的重要组成部分。审计人员需要对项目的风险评估方法、评估结果进行详细分析，确保风险评估的科学性和可靠性。通过对风险评估的审查，审计人员可以判断项目的风险等级和风险影响，帮助企业制定科学的风险管理策略。

❖ 第三节 内部审计在成本控制与预算管理中的实践

内部审计在成本控制与预算管理中发挥着至关重要的作用，旨在确保企业资源的有效利用和财务目标的实现。通过系统化的审计程序，内部审计能够全面评估企业的成本控制体系和预算管理流程，发现并纠正其中的偏差和漏洞，提升整体管理水平。审计人员通过对成本核算、费用分配、预算编制和执行情况的详细审查，确保各项成本支出合理、合规，避免不必要的浪费和超支现象。

内部审计还通过对预算执行的监控和分析，帮助企业及时调整预算策略，应对外部环境的变化，确保财务计划的准确性和可行性。通过提供独立、客观的审计报告，内部审计为管理层提供了关键的决策支持，有助于优化资源配置，提高企业的经济效益和竞争力。在复杂多变的市场环境中，内部审计在成本控制与预算管理中的实践，不仅是企业实现财务稳健的重要手段，更是推动企业持续改进和发展的有力保障。

一、成本控制的内部审计策略

（一）成本控制审计的目标与重要性

成本控制审计的目标在于确保企业在运营过程中能够有效管理和控制成本支出，以实现经济效益的最大化和资源的最佳配置。这一过程对于企业的可持续发展至关重要，尤其是在市场竞争日益激烈的环境下，成本控制成为企业保持竞争力和盈利能力的关键因素。通过成本控制审计，企业可以及时发现和纠正成本管理中的漏洞和不足，优化成本结构，提高运营效率，降低经营风险。

成本控制审计能够帮助企业识别和分析各种成本要素，确保成本核算的准确性和完整性。审计人员需要对各项成本支出进行详细审查，检查成本记录的真实性和合规性，确保没有虚报、漏报或不合理的成本支出。这一过程不仅有助于企业准确掌握成本构成，还能为成本管理决策提供可靠的数据支持。

（二）成本控制审计的具体步骤和方法

成本控制审计通常包括以下几个主要步骤：审计准备、审计实施和审计报告。在审计准备阶段，审计人员需要了解企业的成本控制体系和相关政策，制订详细的审计计划，明确审计目标和重点。在审计实施阶段，审计人员需要通过各种审计方法和技术，对企业的成本控制进行全面、系统的审查。在审计报告阶段，审计人员需要对审计过程中发现的问题进行汇总和分析，编制审计报告，提出改进建议。

（三）成本控制审计的实际案例分析

通过实际案例的分析，可以更好地理解成本控制审计的具体实施和效果。例如某制造企业在实施成本控制审计后，发现其生产成本中存在多项不合理的支出，如原材料采购价格过高、生产工艺流程不合理、设备维护费用超支等。通过审计，企业对这些问题进行了深入分析，提出了一系列改进措施，如优化采购流程、改进生产工艺、加强设备管理等。

在实施改进措施后，该企业的生产成本显著降低，成本控制效果明显提升。原材料采购价格得到合理控制，生产效率提高，设备维护费用减少，企业的整体运营效率和经济效益得到了显著提升。这一案例表明，通过有效的成本控制审计，企业可以及时发现和解决成本管理中的问题，优化成本结构，提高成本控制的效果，增强企业的竞争力和盈利能力。

二、预算执行的内部审计监督

（一）预算执行审计的重要性和目标

预算执行审计在企业财务管理中占据重要位置，其主要目标是确保企业预算的有效执行，防范预算超支或不足，保障企业财务计划的顺利实施和经营目标的实现。通过预算执行审计，企业可以及时发现预算执行中的偏差和问题，采取相应的纠正措施，提高预算管理水平和财务控制能力，从而优化资源配置，提升整体经营效率和效益。

预算执行审计有助于确保企业财务资源的合理使用。审计人员通过对预算执行情况的详细审查，可以发现预算编制和执行中的不合理之处，如预算编制不科学、资金使用不规范、预算调整不及时等。通过审计，企业可以及时发现和纠正这些问题，确保财务资源的合理分配和有效使用，避免资金浪费和预算失控。

（二）预算执行审计的具体步骤和方法

预算执行审计通常包括以下几个主要步骤：审计准备、审计实施和审计报告。在审计准备阶段，审计人员需要了解企业的预算管理体系和相关政策，制订详细的审计计划，明确审计目标和重点。在审计实施阶段，审计人员需要通过各种审计方法和技术，对企业的预算执行情况进行全面、系统的审查。在审计报告阶段，审计人员需要对审计过程中发现的问题进行汇总和分析，编制审计报告，提出改进建议。

(三) 预算执行审计的实际案例分析

通过实际案例的分析，可以更好地理解预算执行审计的具体实施和效果。例如某服务型企业在实施预算执行审计后，发现其预算编制和执行中存在多项问题，如预算编制不准确、预算执行不严格、预算调整不及时等。通过审计，企业对这些问题进行了深入分析，提出了一系列改进措施，如优化预算编制流程、加强预算执行监控、完善预算调整机制等。

在实施改进措施后，该企业的预算执行效果显著提升。预算编制更加科学、合理，预算执行更加严格、规范，预算调整更加及时、有效，企业的整体财务管理水平和经营效益得到了显著提升。这一案例表明，通过有效的预算执行审计，企业可以及时发现和解决预算管理中的问题，优化预算管理体系，提高预算执行的效果，增强企业的财务控制能力和经营绩效。

(四) 预算执行审计的挑战与对策

预算执行审计在实际实施过程中可能面临多种挑战，如预算数据的准确性、预算执行的规范性、审计资源的有限性等。为了应对这些挑战，审计人员需要采取一系列对策，确保预算执行审计的有效性和高效性。

审计人员需要确保预算数据的准确性和完整性。通过对预算编制和执行数据的详细检查和验证，审计人员可以发现和纠正数据中的错误和遗漏，确保预算数据的真实性和可靠性。例如审计人员需要加强对预算执行情况的监督和评估，确保预算执行的规范性和合理性。通过现场检查、访谈等方法，审计人员可以了解预算执行的实际情况，及时发现和解决执行中的问题。

三、成本控制与预算管理中的审计技术

(一) 数据分析在成本控制审计中的应用

数据分析技术在成本控制审计中具有重要应用，通过对大量财务数据和经营数据的分析，审计人员可以全面了解企业的成本构成和支出情况，发现潜在的问

题和风险，为企业的成本管理提供有力支持。数据分析技术的应用，可以提高审计工作的效率和准确性，帮助企业实现精细化的成本控制，提升经济效益和竞争力。

数据分析技术可以帮助审计人员识别成本异常和不合理支出。通过对企业各项成本支出的数据分析，审计人员可以发现成本支出中的异常现象，如成本超支、费用不合理等。通过对这些异常现象的深入分析，审计人员可以识别成本管理中的薄弱环节，提出相应的改进建议，帮助企业优化成本结构，降低成本支出，提高成本管理水平。

（二）大数据技术在预算管理审计中的应用

大数据技术在预算管理审计中被广泛应用，通过对大量预算数据的收集、处理和分析，审计人员可以全面了解企业的预算编制和执行情况，发现潜在的问题和风险，为企业的预算管理提供有力支持。大数据技术的应用，可以提高审计工作的效率和准确性，帮助企业实现精细化的预算管理，提升财务控制能力和经营效益。

大数据技术可以帮助审计人员提高预算数据的准确性和完整性。通过对大量预算数据的自动化处理和分析，审计人员可以发现预算编制和执行中的数据错误和遗漏，确保预算数据的真实性和可靠性。通过对预算数据的详细分析，审计人员可以识别预算编制和执行中的问题和不足，提出改进措施，帮助企业优化预算管理体系，提高预算管理水平。

（三）流程审计在成本控制和预算管理中的作用

流程审计在成本控制和预算管理中具有重要作用，通过对企业各项业务流程的审查，审计人员可以发现流程中的问题和风险，提出改进措施，优化流程管理，提高企业的成本控制和预算管理水平。流程审计的应用，可以帮助企业实现规范化、标准化的管理，提升经营效率和效益。

流程审计可以帮助企业优化成本控制流程，提高成本管理水平。通过对企业各项成本控制流程的审查，审计人员可以发现流程中的不合理之处，如流程不规范、操作不合规等。通过对这些问题的深入分析，审计人员可以提出优化成本控制流程的建议，帮助企业完善成本控制体系，提高成本控制的效率和效果。

（四）信息技术在成本控制与预算管理审计中的应用

信息技术在成本控制与预算管理审计中具有重要应用，通过对信息技术的运用，审计人员可以提高审计工作的效率和准确性，实现对企业成本控制和预算管理的全面、系统审查。信息技术的应用，可以帮助企业实现信息化、智能化的管理，提升成本控制和预算管理水平。

信息技术可以帮助审计人员提高数据处理和分析能力。通过对企业财务数据和经营数据的自动化处理和分析，审计人员可以全面了解企业的成本构成和预算执行情况，发现潜在的问题和风险。通过对大量数据的快速处理和分析，审计人员可以提高审计工作的效率和准确性，及时发现和解决成本控制和预算管理中的问题。

❖ 第四节　内部审计在绩效评价中的应用

内部审计在绩效评价中的应用主要体现在提升组织的管理效率和目标达成度。内部审计通过系统和独立的评价，能够发现和纠正组织在运营过程中存在的问题和不足，从而优化管理流程和资源配置。例如内部审计在绩效评价中发挥监督和反馈的作用，通过客观、公正的审计报告，为管理层提供可靠的决策依据，确保组织的战略目标得以实现。内部审计还通过风险评估和控制，帮助组织识别潜在风险并制定相应的防范措施，保障绩效评价的全面性和准确性。再者，内部审计可以推动组织文化建设，促进透明度和问责制的落实，提高员工的责任意识和工作积极性。内部审计在绩效评价中的应用还体现在持续改进上，通过定期审计和跟踪审计结果，推动组织不断提升绩效水平，实现可持续发展。综上所述，内部审计在绩效评价中的应用，不仅是提高组织管理效率的重要手段，也是实现组织战略目标和持续发展的关键保障。

一、绩效评价体系的内部审计

（一）内部审计在绩效评价体系中的作用

内部审计在绩效评价体系中起着至关重要的作用。它不仅帮助企业评估绩效评价体系的设计是否合理，还可以检查该体系的实际执行情况是否符合既定的政策和程序。通过内部审计，可以发现绩效评价体系中的潜在风险和不足，从而为企业提供改进建议，确保绩效评价体系能够有效激励员工，提高整体绩效。内部审计还负责验证绩效评价的透明度和公平性，避免因评价不公而引发的员工不满和争议。

（二）绩效评价体系的合规性审查

内部审计的一个重要职责是对绩效评价体系的合规性进行审查。审计人员需要确保绩效评价体系的设计和实施符合相关法律法规和公司内部规章制度。在合规性审查中，审计人员会检查绩效评价标准的设定是否符合公司战略目标，以及这些标准是否公平、公正地应用于所有员工。审计人员还需核查绩效评价的程序是否严格遵守公司规定，确保每个员工都有公平的评价机会，并且评价结果真实反映了员工的实际表现。

（三）内部审计在绩效评价结果分析中的应用

在绩效评价体系的内部审计中，对绩效评价结果的分析是一个关键环节。内部审计可以通过分析绩效评价结果的数据，识别出潜在的偏差或异常情况，例如是否存在过于集中的高评分或低评分情况。通过对这些数据的深入分析，审计人员可以评估绩效评价体系是否在执行过程中出现了问题，并据此提出改进建议。内部审计还可以帮助管理层理解评价结果所反映的员工整体表现情况，从而为后续的人力资源管理决策提供依据。

二、激励机制的审计监督

（一）激励机制设计的合理性审查

激励机制的审计监督首先关注的是其设计的合理性。内部审计需要评估激励机制是否符合企业的战略目标，并且能有效地激励员工的积极性和创造力。审计人员要检查激励计划中的关键要素，如奖金、晋升机会和其他奖励措施，是否与员工的绩效表现和公司的整体发展方向相一致。合理的激励机制设计不仅要考虑到短期的激励效果，还应关注长期的可持续性，以确保员工在不同阶段都能保持高昂的工作热情和动力。

（二）激励机制执行过程中的监督

激励机制的执行过程是内部审计监督的另一个重点。审计人员需要确保激励措施在执行过程中遵循了公司的政策和程序，并且所有员工都能公平地享受到激励机制的成果。审计还需核查激励机制的执行是否存在任何偏差或舞弊行为，例如奖励分配是否公平，是否存在徇私舞弊的情况。审计人员还需关注激励机制的执行效果是否达到了预期目标，是否有效地促进了员工的绩效提升和公司的整体发展。

（三）激励机制审计结果的反馈与改进

激励机制审计的结果应该被及时反馈给公司管理层，以便他们对激励机制进行必要的调整和改进。通过审计反馈，管理层可以了解到现行激励机制的优缺点，从而在制定新的激励政策时有所借鉴。审计结果还可以帮助公司识别出激励机制中的潜在风险，并采取相应的措施予以防范。例如如果审计发现激励措施的执行效果不理想，管理层可以考虑调整激励方式或增加激励种类，以更好地激发员工的积极性。例如激励机制的审计监督不仅是对现行机制的检验，更是为企业未来发展提供科学依据的重要手段。

三、绩效评价结果的应用与反馈

(一) 绩效评价结果在员工发展上的应用

绩效评价结果是员工个人发展和职业规划的重要依据。公司可以通过分析绩效评价结果，了解员工的优劣势，并据此制订个性化的职业发展计划。例如对于表现优异的员工，公司可以提供更多的培训机会或晋升机会，帮助他们进一步提升专业技能和管理能力。而对于表现不佳的员工，管理层可以通过绩效评价结果，找出其工作中的不足，并提供相应的指导和支持，帮助他们改善表现。绩效评价结果的有效应用不仅能促进员工的个人成长，也有助于公司整体人力资源的优化配置。

(二) 绩效评价结果在薪酬激励中的应用

绩效评价结果在薪酬激励中也起着关键作用。公司通常会根据员工的绩效表现，决定其薪酬调整的幅度和奖励的发放。这种基于绩效的薪酬激励机制，可以有效地激励员工提高工作效率和质量。通过对绩效评价结果的深入分析，管理层可以确保薪酬分配的公平性和透明度，避免因评价不公导致的员工不满。绩效评价结果还可以作为制订长期激励计划的参考依据，帮助公司设计出更加符合员工需求和公司发展战略的薪酬激励方案。

(三) 绩效评价结果反馈机制的重要性

绩效评价结果的反馈机制是确保评价体系有效运行的重要环节。通过及时、透明的反馈，员工可以清楚地了解自己的绩效表现，以及未来需要改进的方向。管理层应建立有效的反馈渠道，如定期的绩效面谈或员工座谈会，以便员工在接收到绩效评价结果后，能够与上级进行充分沟通，理解评价的依据和目的。这样的反馈机制不仅有助于提升员工对绩效评价的认同感，还能促进员工与管理层之间的信任和合作。有效的反馈机制最终将有助于绩效评价结果的实际应用，推动公司整体绩效的持续提升。

第六章 现代财务管理与内部审计的未来展望

❖ 第一节 财务管理与内部审计的发展趋势

随着全球化和信息技术的迅猛发展,财务管理与内部审计的职能和作用正在经历深刻变革。在财务管理方面,企业更加注重精细化管理和资源的最优配置,通过数字化工具和大数据分析,提升财务决策的准确性和效率。与此同时,内部审计的角色也在逐步从传统的合规检查转向更具战略性的职能,内部审计不仅关注财务数据的准确性,还深入参与企业风险管理、内部控制体系的完善以及公司治理的优化。

一、全球化背景下的财务管理与内部审计

(一) 全球化对财务管理的挑战与机遇

全球化进程加速了企业跨国经营的步伐,财务管理面临着更加复杂的环境。跨国公司的财务管理需要应对不同国家和地区的法律法规、税收制度以及会计准则,这无疑增加了财务管理的复杂性。全球化也为企业提供了更多的市场机会和资源配置的灵活性。企业可以通过优化全球资源配置,提高生产效率和降低成本,从而增强其在全球市场的竞争力。全球化背景下的财务管理还需要注重风险管理,尤其是汇率风险和跨国资金流动的管理,以确保企业财务的稳定性和安全性。

(二) 全球化背景下的内部审计职能演变

全球化不仅影响了财务管理,也对内部审计提出了新的要求。传统的内部审

计主要关注财务数据的准确性和合规性，而在全球化背景下，内部审计的职能已经扩展到风险管理、内部控制以及公司治理等多个领域。跨国企业需要建立全球统一的内部审计标准和程序，以确保各地业务的一致性和可控性。内部审计在全球化进程中，不仅要对财务报告进行审查，还需对跨国经营中的法律合规、文化差异以及供应链管理等方面进行全面评估，确保企业在全球市场的合规和稳健运营。

（三）全球化下财务管理与内部审计的协同作用

全球化使财务管理与内部审计的协同作用更加重要。财务管理与内部审计需要密切合作，共同应对全球化带来的复杂挑战。财务管理通过提供准确的财务信息和数据支持，帮助内部审计更好地识别和评估风险。而内部审计则通过对财务管理过程的监督和评估，确保其合规性和有效性。在全球化背景下，财务管理与内部审计的协同作用不仅体现在风险管理和内部控制方面，还包括战略制定和执行层面的合作。两者的有效协同将有助于企业在全球市场中实现可持续发展和竞争优势。

二、数字化转型对财务管理与内部审计的影响

（一）数字化转型对财务管理的革新

数字化转型正在全面革新财务管理的方式和手段。通过引入大数据、人工智能和区块链等新兴技术，财务管理能够更加精准地进行数据分析和决策支持。传统的手工操作和数据处理方式正在被自动化和智能化系统所取代，这不仅提高了财务管理的效率，还显著降低了人为错误的风险。数字化技术的应用使得实时财务监控和预测成为可能，财务管理可以更及时地识别和应对财务风险，优化资源配置，提高资金利用效率，从而增强企业的财务稳健性和市场竞争力。

（二）数字化转型对内部审计的变革

数字化转型对内部审计的影响同样深远。现代技术的应用使得内部审计可以

更加高效和精准地进行审计工作。数据分析工具和人工智能算法的引入，使得内部审计能够处理海量数据，从中发现潜在的风险和异常。区块链技术则为审计提供了更加透明和不可篡改的数据源，提升了审计的公信力和可靠性。数字化技术还使得内部审计可以进行实时监控和持续审计，及时发现并纠正问题，提高了内部控制的有效性。未来，内部审计将更多依赖于技术手段，实现全面的数字化转型，提升审计工作的深度和广度。

三、可持续发展视角下的财务管理与内部审计

（一）可持续发展对财务管理的要求

在可持续发展背景下，财务管理不仅要关注企业的经济效益，还要考虑环境和社会效益。企业需要通过财务管理，支持和推动可持续发展战略的实施。例如通过绿色金融和可持续投资，企业可以在实现经济增长的同时减少环境负荷和促进社会福祉。财务管理还需建立完善的环境、社会和治理（ESG）报告体系，定期披露企业在可持续发展方面的绩效，为利益相关方提供透明的信息。可持续发展要求财务管理在资源配置和资金使用方面更加审慎，确保企业活动符合可持续发展的原则，避免对环境和社会造成负面影响。

（二）可持续发展视角下的内部审计职责

内部审计在可持续发展中扮演着重要的监督和保障角色。其职责不仅限于传统的财务审计，还包括对企业可持续发展战略和目标的审查。内部审计需要评估企业在环境保护、社会责任和治理结构方面的表现，确保其行动符合可持续发展的要求。通过对企业 ESG 绩效的审计，内部审计可以识别出在可持续发展实践中的不足，并提出改进建议。内部审计还需关注企业在可持续发展方面的风险管理，帮助企业提前识别和应对潜在的环境和社会风险，确保其在追求可持续发展的过程中稳健前行。

（三）财务管理与内部审计在可持续发展中的合作

财务管理与内部审计在推动企业可持续发展中需要紧密合作。财务管理提供

了支持可持续发展战略的资金和资源，而内部审计则通过监督和评估，确保这些资源得到有效利用并产生预期的环境和社会效益。两者的合作有助于企业建立全面的 ESG 绩效管理体系，定期监控和报告可持续发展进展情况。财务管理和内部审计共同努力，可以推动企业在可持续发展道路上不断前进，实现经济效益、环境保护和社会责任的平衡发展。这种合作不仅提升了企业的整体管理水平，也增强了企业在市场中的声誉和竞争力。

四、未来财务管理与内部审计的融合与创新

（一）财务管理与内部审计融合的必要性

随着企业管理环境的不断变化，财务管理与内部审计的融合变得越来越必要。传统上，财务管理和内部审计是两个相对独立的职能部门，但在现代企业管理中，这两者的边界日益模糊。财务管理需要内部审计的监督和评估来确保其有效性和合规性，而内部审计则需要财务管理的数据和资源支持，以进行深入的审计工作。两者的融合不仅可以提高工作效率，减少重复劳动，还能更好地识别和应对企业面临的各种风险，提升企业的整体管理水平和应变能力。

（二）技术创新在财务管理与内部审计融合中的作用

技术创新为财务管理与内部审计的融合提供了重要支持。通过引入大数据、人工智能和区块链等新技术，财务管理和内部审计可以实现信息的共享和流程的协同。例如大数据分析可以帮助财务管理识别潜在的风险和机会，为内部审计提供丰富的数据支持。而区块链技术则可以确保数据的真实性和不可篡改性，提高内部审计的公信力和可靠性。人工智能技术可以用于自动化处理和分析，提高财务管理和内部审计的工作效率。技术创新不仅促进了两者的融合，也推动了企业管理的数字化和智能化转型。

（三）未来财务管理与内部审计的创新方向

未来，财务管理与内部审计将在多个方面实现创新和发展。在数据驱动管理

方面，两者将更加依赖于大数据和人工智能，实现更加精准和实时的风险监控和决策支持。例如在绿色金融和可持续发展方面，财务管理和内部审计将更加关注环境和社会责任，推动企业实现可持续发展目标。在组织结构和流程优化方面，财务管理和内部审计将通过技术手段实现更加高效的协同，打破传统职能界限，实现全方位的风险管理和内部控制。

❖ 第二节 财务管理与内部审计面临的挑战

在当前复杂多变的商业环境中，财务管理与内部审计面临诸多挑战。全球化进程加速带来了跨境交易的复杂性，企业需要应对不同国家的法律法规、税收政策和文化差异，这增加了财务管理的难度。例如数字化转型虽然带来了效率提升的机会，但也引发了数据安全、隐私保护和技术更新的挑战，要求财务管理和内部审计具备更强的技术能力和风险应对能力。随着可持续发展理念的普及，企业在环境、社会和治理（ESG）方面的责任日益凸显，财务管理与内部审计需要平衡经济效益与社会责任，确保企业在实现利润的同时也在积极履行社会责任。面对这些挑战，财务管理与内部审计必须不断提升专业能力，创新管理模式，才能在激烈的市场竞争中保持稳健发展。

一、外部环境变化带来的挑战

（一）全球化对企业财务管理的复杂性影响

随着全球化的深入，企业在不同国家和地区开展业务的频率和规模不断增加，带来了财务管理的复杂性。跨国经营要求企业应对多种货币、汇率波动、税务差异以及不同的法律和监管环境，这给财务管理带来了巨大的挑战。全球市场的不确定性，如地缘政治风险和经济波动，也对企业的财务决策产生重大影响。为了在这种复杂环境中保持财务稳健性，企业必须具备更强的风险管理能力，及时调整财务策略，以应对全球化带来的各种挑战。

（二）市场竞争加剧对内部审计的压力

在全球化的背景下，市场竞争日益激烈，企业面临的外部环境更加不确定。内部审计需要不断调整和扩展其职能，以帮助企业在激烈的市场竞争中保持竞争优势。内部审计不仅要关注财务报表的准确性和合规性，还需评估企业的战略执行情况、业务流程效率和风险管理的有效性。随着市场环境的快速变化，内部审计需要更加敏捷，及时识别和应对可能对企业造成重大影响的新兴风险，确保企业在动态的市场中保持稳健运营。

（三）外部经济波动对财务管理与内部审计的影响

外部经济环境的波动，如通货膨胀、利率变化和经济衰退，对企业的财务管理和内部审计提出了更高要求。在经济不确定性增加的情况下，企业的财务状况和盈利能力可能会受到冲击，这要求财务管理团队具备更强的预测能力和应变能力。内部审计需要加强对企业财务状况的持续监控，确保企业在经济波动中保持财务健康。通过对外部环境变化的深入分析和预判，财务管理和内部审计可以共同制定有效的应对策略，帮助企业在经济波动中减少损失并抓住潜在的机遇。

二、技术与人才发展的挑战

（一）技术变革对财务管理的冲击与机遇

随着数字化技术的迅速发展，企业财务管理面临着前所未有的变革。新兴技术如人工智能、大数据和区块链正在改变传统的财务管理模式，这不仅要求财务人员掌握新的技术工具，还要理解和应用这些技术带来的数据分析和决策支持功能。虽然这些技术为财务管理提供了提升效率和精准度的机会，但也带来了新的挑战，如技术的快速更新换代和数据隐私问题。

（二）内部审计对技术创新的适应与应用

内部审计同样受到技术进步的影响。随着企业信息化程度的提高，内部审计需要利用大数据分析、机器学习等技术，来提升审计的效率和效果。这要求内部审计人员不仅具备传统的审计知识，还要具备一定的技术能力，能够理解和应用新技术进行数据分析和风险评估。技术的应用也带来了新的挑战，如何保障数据的安全性和隐私，如何应对技术快速变化带来的不确定性。内部审计需要不断更新技术知识，并在审计过程中积极应用技术手段，以应对日益复杂的审计环境。

（三）人才发展与技能更新的迫切需求

在技术迅速发展的背景下，企业面临着人才短缺和技能不足的挑战。财务管理和内部审计人员不仅需要具备专业知识，还需要不断更新技术技能，以适应数字化转型的要求。企业需要通过培训和继续教育，帮助现有员工掌握新技术，同时也需要吸引具备新兴技术背景的人才加入。企业还需要建立完善的人才发展机制，确保员工在职业生涯中持续成长，保持竞争力。在快速变化的商业环境中，拥有技术和管理技能兼备的高素质人才，已成为企业应对挑战、推动创新和发展的关键。

三、法规与合规性要求的挑战

（一）不断变化的法规环境对财务管理的影响

随着全球和区域性的法规不断更新，企业的财务管理面临着日益复杂的合规要求。这些法规可能涉及税收、会计准则、反洗钱规定等多个领域，企业必须及时跟踪和理解这些变化，并相应调整财务管理策略。不同国家和地区的法规差异，也增加了跨国企业的合规难度。财务管理团队需要具备强大的法规解读能力，确保企业在各个运营地都能合规运营。违反法规不仅会带来财务损失，还可能损害企业声誉，企业必须高度重视法规环境的变化，并做好充分的应对准备。

（二）合规性要求对内部审计的挑战

内部审计在企业的合规性管理中扮演着关键角色，随着法规环境的复杂性增加，内部审计的工作负担也随之加重。内部审计需要确保企业在运营的各个环节都符合相关法规要求，并及时识别和纠正潜在的合规性问题。这不仅要求内部审计人员具备全面的法规知识，还要能够灵活应对不断变化的合规性挑战。随着新法规的出台和现有法规的调整，内部审计需要不断更新知识库，确保审计工作能够与时俱进，帮助企业避免合规风险，维护其市场地位和声誉。

（三）合规压力下的财务管理与内部审计合作

面对日益严格的合规性要求，财务管理与内部审计的合作显得尤为重要。财务管理部门在制定和执行财务策略时，需要内部审计的监督和支持，以确保各项决策的合规性。而内部审计则可以通过审查财务管理流程和结果，及时发现和预防合规性问题。两者的紧密合作不仅能够提高企业的合规水平，还可以提升整体管理效率。在合规压力不断增加的背景下，财务管理与内部审计需要建立更加密切的沟通机制，共同应对复杂的法规挑战，确保企业在合规的基础上实现稳健发展。

四、应对挑战的策略与建议

（一）提升风险管理能力应对外部环境变化

为应对外部环境的快速变化，企业需要不断提升其风险管理能力。财务管理和内部审计应紧密合作，识别和评估外部环境带来的各种风险，并制定相应的应对策略。企业可以通过建立多层次的风险管理体系，加强对外部风险的监控和分析，及时调整财务和经营策略。企业还应关注全球经济和政策的动向，提前布局和调整，以减少外部环境变化对企业运营的负面影响。通过提升风险管理能力，企业可以更加从容地应对复杂多变的外部环境，保持稳健的财务状况和市场竞争力。

（二）加强技术与人才培养推动内部管理创新

面对技术变革和人才发展的挑战，企业需要采取积极措施，加强技术与人才的培养。企业应加大对新技术的投入和应用，通过技术创新提升财务管理和内部审计的效率和效果。企业需要为员工提供持续的培训和发展机会，帮助他们掌握最新的技术工具和管理理念。吸引和留住具备高技术能力的人才，也是企业应对挑战的重要策略。通过培养技术与管理双重能力的人才，企业可以推动内部管理的持续创新，增强在市场中的竞争力。

（三）构建合规文化与强化财务审计合作

在法规和合规性要求日益严格的背景下，企业需要构建强有力的合规文化，并强化财务管理与内部审计之间的合作。企业应当通过制度建设和员工教育，培养全员的合规意识，确保各项业务活动都能符合法规要求。财务管理和内部审计部门应建立高效的沟通和合作机制，共同识别和解决合规性问题。企业还可以通过定期的内部审查和外部审计，确保合规性管理的持续改进。通过构建合规文化和强化内部合作，企业能够更好地应对合规性挑战，维护其长期的可持续发展。

❖ 第三节 提升财务管理与内部审计效能的路径

提升财务管理与内部审计效能是企业在复杂市场环境中保持竞争力和实现可持续发展的关键。企业应加快数字化转型，通过大数据、人工智能和区块链等技术优化财务管理流程和内部审计工作，实现更精准的风险评估和更高效的资源配置。例如注重人才发展，持续提升财务和审计团队的专业能力和技术素养，确保他们能够应对日益复杂的业务需求和监管环境。强化财务管理与内部审计之间的协同合作，通过建立高效的信息共享机制和紧密的沟通渠道，实现资源整合与流程优化，提升整体管理效能。企业还应建立健全的内部控制和合规管理体系，确保各项业务活动符合相关法规和内部政策，降低合规风险。通过这些路径的综合运用，企业可以显著提高财务管理与内部审计的效能，为长远发展奠定坚实基础。

一、技术创新与智能化发展

（一）智能化技术在财务管理中的应用

随着人工智能、大数据分析和区块链技术的不断发展，财务管理的智能化已成为提升企业竞争力的关键途径。智能化技术使得财务数据的采集、处理和分析更加高效精准，减少了人工操作的误差，提高了决策的准确性。例如人工智能算法可以帮助财务团队快速分析大量财务数据，发现潜在的财务风险和机会，从而为企业的战略决策提供支持。区块链技术为财务管理提供了更加透明和安全的数据存储方式，减少了财务数据篡改和欺诈的风险，进一步提高了企业财务管理的可信度和安全性。

（二）内部审计的数字化转型

内部审计的数字化转型是企业提升审计效能的重要手段。通过引入大数据分析和人工智能，内部审计可以更快速地处理和分析审计数据，识别出潜在的风险和异常情况。智能化技术不仅提高了审计工作的效率，还拓展了审计的深度和广度，使得审计工作能够更全面地覆盖企业的各个业务环节。数字化工具还支持实时审计和持续监控，帮助审计团队及时发现并纠正问题，确保企业的合规性和运营效率。数字化转型不仅是内部审计的技术升级，更是其职能扩展和效能提升的重要路径。

（三）技术创新带来的挑战与应对

尽管技术创新为财务管理和内部审计带来了诸多益处，但也伴随着新的挑战。例如技术的快速发展要求财务和审计团队不断更新技能，适应新的工作方式。数据安全和隐私保护问题也在技术创新中变得愈加重要，企业必须建立健全的信息安全管理体系，以应对技术带来的风险。为此，企业需要持续关注技术发展趋势，投资于技术培训和基础设施建设，确保财务管理和内部审计能够充分利用技术创新带来的优势，同时有效应对可能的挑战，保持在竞争中的领先地位。

二、人才培养与专业发展

(一) 财务管理人才的培养与发展

在财务管理领域，人才的培养和专业发展至关重要。随着财务工作的复杂性和技术需求的增加，企业需要培养具备多元技能的财务管理人才。企业应通过系统的培训计划，提高财务人员的专业技能，特别是在财务分析、风险管理和决策支持方面。随着数字化进程的加快，财务人员还需要掌握新兴的技术工具和数据分析能力，以适应现代财务管理的需求。企业还应提供职业发展路径，为财务人员创造晋升和成长的机会，激励他们在岗位上不断提高自身能力，推动企业财务管理水平的提升。

(二) 内部审计人员的技能提升与职业规划

内部审计人员的技能提升同样是企业管理中的重点。随着审计工作逐渐向战略性和风险导向性转变，审计人员不仅需要具备扎实的审计知识，还需掌握跨学科的能力，如数据分析、信息技术和法律法规。企业应通过定期的培训和认证，帮助审计人员更新知识结构，适应不断变化的审计环境。企业应重视内部审计人员的职业规划，提供多样化的职业发展机会，鼓励他们在审计工作中探索新的领域，积累多元经验，从而在复杂的商业环境中发挥更大作用。

(三) 打造高效团队应对复杂环境

在面对日益复杂的商业环境时，打造高效的财务和审计团队是企业成功的关键。企业应重视团队的协作与沟通，通过跨部门的合作和项目管理，提升团队的整体效能。一个高效的团队不仅需要具备专业的财务和审计知识，还要有出色的沟通能力和团队合作精神。企业可以通过团队建设活动、跨部门项目和轮岗机制，增强团队成员之间的理解和信任，推动团队在应对挑战时更加协调一致。通过不断提升团队的专业素养和协作能力，企业可以更好地应对市场变化和风险挑战，实现可持续发展。

三、跨部门协作与信息共享

（一）财务管理与其他部门的协同合作

在现代企业管理中，财务管理不仅仅是一个独立的职能部门，它需要与其他部门紧密合作，才能实现企业的整体目标。财务部门与市场、运营、人力资源等部门的合作，可以为企业的战略制定和执行提供财务支持。例如财务管理可以通过与市场部门合作，提供销售数据和市场分析，帮助制定更有效的市场策略。财务管理还可以与运营部门协作，优化成本控制和资源配置，提升企业的运营效率。通过跨部门的协作，财务管理可以更好地理解业务需求，提供更加精准和有价值的财务支持。

（二）内部审计与管理层的有效沟通

内部审计的效能在很大程度上取决于其与管理层的有效沟通。审计发现和建议如果不能及时传达给决策层，将大大削弱审计的价值。内部审计人员应积极与管理层沟通，确保审计报告的结果和建议被充分理解和重视。通过定期的审计报告会议和沟通机制，内部审计可以帮助管理层识别和应对潜在风险，改进内部控制和治理结构。管理层也应主动与内部审计团队保持互动，提供必要的支持和资源，确保审计工作顺利进行。有效的沟通不仅提高了审计的影响力，也有助于增强企业的整体管理水平。

（三）信息共享机制的建立与优化

信息共享是跨部门协作的关键环节，在财务管理和内部审计中尤为重要。企业应建立完善的信息共享机制，确保财务数据和审计信息能够在各部门之间流通。通过信息系统的集成和数据平台的建设，企业可以实现财务信息的实时共享，减少信息孤岛现象，提高决策的效率和准确性。信息共享还可以帮助内部审计更好地了解业务流程和风险点，提升审计工作的针对性和有效性。优化的信息共享机制不仅有助于提升企业管理的整体效能，还能促进部门之间的协作与创新。

四、持续改进与绩效评价

(一) 财务管理的持续改进机制

财务管理的持续改进是企业保持竞争力的关键之一。企业应建立系统的改进机制，通过定期评估和反馈，识别财务管理中的不足，并采取措施进行改进。这包括优化财务流程、提升数据分析能力、更新财务管理工具和方法等。财务管理的改进不仅要关注内部效率的提升，还要与企业的战略目标相一致，确保财务管理能够支持和推动企业的整体发展。通过不断的改进和创新，企业可以在激烈的市场竞争中保持财务管理的领先地位，确保长期的财务稳健性和可持续发展。

(二) 内部审计的绩效评价与提升

内部审计的绩效评价对于提高其工作效能至关重要。企业应建立科学的审计绩效评价体系，考察审计工作的全面性、深度、及时性和对管理层决策的支持程度。通过定期的绩效评估，内部审计团队可以了解自身工作的效果和不足，明确改进方向。绩效评价还可以为审计团队提供激励，推动他们不断提升工作质量和效率。内部审计的绩效提升不仅有助于企业更好地管理风险和保障合规，也能增强企业治理水平，提升其在市场中的信誉和竞争力。

(三) 绩效评价结果的应用与反馈

绩效评价的结果应被充分应用于企业的管理实践中。财务管理和内部审计的绩效评价结果可以为企业决策层提供重要的参考依据，帮助识别和改进企业管理中的薄弱环节。企业应将绩效评价结果与员工的发展和激励机制相结合，确保评价结果能够促进团队和个人的持续成长。企业应建立完善的反馈机制，将绩效评价结果及时传达给相关部门和个人，促进经验分享和改进措施的实施。通过有效应用和反馈绩效评价结果，企业可以推动管理水平的持续提升，实现更高的经营效率和战略目标。

❖ 第四节 未来财务管理与内部审计的愿景

未来的财务管理与内部审计将面临更加复杂且多变的商业环境，需要在技术创新、人才发展、风险管理和企业治理等多个方面进行深度融合和持续改进。随着数字化转型的深入，财务管理将进一步向智能化和自动化发展，通过大数据、人工智能和区块链等新技术的应用，财务数据的采集、处理和分析将更加高效精准，实时决策支持能力将得到显著提升。这不仅提高了企业对市场变化的快速反应能力，也增强了对内部运营的全面掌控。财务管理将更加关注企业的长期可持续发展，逐步从传统的财务报表管理扩展到包括环境、社会责任和公司治理（ESG）在内的更广泛的价值创造领域，助力企业在复杂的外部环境中实现可持续的增长。

在内部审计领域，未来将更多地依赖技术手段实现审计工作的全面数字化转型。通过引入先进的数据分析工具和智能审计系统，内部审计可以更加全面、深入地识别和评估企业面临的风险，并实时监控业务流程的合规性和有效性。未来的内部审计不仅仅局限于发现问题和提供改进建议，更将成为企业风险管理和战略执行的重要支持力量。通过不断优化审计流程和技术手段，内部审计将逐步实现由传统的事后审计向实时、前瞻性审计的转变，有效预防和控制潜在风险，确保企业的运营稳健和合规。

人才培养将成为未来财务管理与内部审计发展的关键。随着业务环境和技术的快速变化，企业需要更加注重提升财务和审计团队的专业能力和技术素养。未来的财务管理和内部审计人才不仅需要具备扎实的专业知识，还需具备跨领域的能力，如数据分析、信息技术、法律法规和环境管理等，以应对复杂多变的商业挑战。企业应通过系统化的培训和职业发展规划，打造一支适应性强、具备创新能力的高素质人才队伍，以支持财务管理与内部审计的不断进步和创新。

跨部门协作与信息共享将成为未来财务管理与内部审计效能提升的重要途径。财务管理和内部审计部门将更加紧密地与企业的其他部门合作，共享信息和资源，共同应对业务复杂性和风险的不确定性。通过建立高效的信息共享机制和协同工作模式，企业可以实现数据的无缝流通，减少信息孤岛现象，提高整体管理的透明度和决策的科学性。跨部门的合作还将推动内部审计在企业管理中的影响力和作用，从而更好地支持企业的战略目标和业务发展。

一、构建高效协同的财务管理与内部审计体系

（一）协同发展：打破财务管理与内部审计的界限

在企业的运营管理中，财务管理与内部审计经常被视为两个独立的部门，随着现代企业对高效运营和合规要求的不断提高，财务管理与内部审计之间的协同已变得尤为重要。财务管理部门负责企业的财务规划、资金管理和财务报告等，内部审计则主要关注企业内控体系的健全性和业务流程的合规性。传统观念上，二者的职责有明确区分，在实际操作中，两者却有着相互交叉的领域和目标，例如财务数据的准确性、资金使用的有效性等。打破财务管理与内部审计之间的界限，促使两者紧密协同，可以提升企业整体的管理效率。通过加强沟通和信息共享，财务管理与内部审计能够更好地识别和防范风险，确保企业财务运作的透明和稳健。

（二）信息化与智能化：提升协同体系的效率

在当今信息化和智能化技术快速发展的时代，企业财务管理与内部审计的协同体系也必须紧跟技术发展的步伐，以实现更高的效率和准确性。信息化工具的应用，如企业资源计划系统（ERP）、财务管理系统（FMS）和审计管理系统（AMS），已经逐渐成为企业运营的重要支撑。这些系统不仅帮助财务管理部门提升财务数据处理的速度和准确性，也为内部审计部门提供了更加便捷的审计数据和分析工具，从而促进两者之间的协同。

信息化手段的应用可以极大地提高财务管理与内部审计的信息共享效率。在传统模式下，信息的传递往往依赖于人工操作，不仅耗时耗力，还容易出现数据的失真或遗漏。而通过信息化系统，财务数据可以在多个部门之间实现实时共享，内部审计部门可以更加及时、准确地获取所需的财务信息，从而提高审计工

作的效率和质量。信息化系统还可以记录和追踪每一步操作过程，确保数据的可追溯性和透明度，进一步提升了协同工作的效率。

（三）动态调整与持续优化：保障协同体系的长效性

构建高效协同的财务管理与内部审计体系并非一蹴而就，而是一个需要持续优化和动态调整的过程。随着外部环境的变化和企业内部发展的需要，协同体系也必须不断进行调整，以确保其能够始终适应企业发展的要求，并为企业的长远发展提供支持。

企业需要建立动态调整机制，以应对外部环境的变化。市场环境的波动、法律法规的更新以及技术的进步，都会对企业的财务管理和内部审计产生影响。为此，企业应定期评估现有的协同体系，及时发现其中的不足，并根据最新的外部环境变化进行调整。例如在面对新的会计准则或审计要求时，财务管理与内部审计应共同研究其对企业的影响，并对协同工作流程进行相应的优化，以确保企业的合规性和管理效能。

二、推动企业财务管理的创新与发展

（一）变革思维：财务管理创新的核心动力

在当前全球化与信息化迅速发展的背景下，企业财务管理的创新已成为企业提升竞争力的重要手段。创新并不仅仅体现在技术层面，更深层次的变革来自思维方式的转变。传统的财务管理模式往往注重财务报表的编制与财务数据的记录，但在如今快速变化的市场环境中，企业需要通过变革思维，重新定义财务管理的角色与功能。

财务管理的创新应从战略高度出发，将财务管理融入企业的整体战略规划中。在传统观念中，财务部门通常被视为支持部门，主要职责是提供财务数据和确保资金安全。随着市场竞争的加剧和商业模式的不断创新，财务管理需要更加主动地参与到企业的战略决策中。通过将财务管理与企业战略紧密结合，企业可以更好地把握市场机会，优化资源配置，从而实现财务与业务的协同发展。

（二）技术赋能：信息化与智能化在财务管理中的应用

信息化与智能化技术的快速发展，为企业财务管理的创新提供了前所未有的机遇。通过技术的赋能，企业可以在财务数据处理、风险管理、成本控制等方面实现更加高效和精准的管理，从而提升整体运营效率。

信息化技术在财务管理中的应用，极大地提高了财务数据处理的效率与准确性。传统的财务数据处理往往依赖于手工操作，不仅费时费力，还容易出现数据录入错误。而通过信息化系统，如企业资源计划系统（ERP）、财务管理系统（FMS）等，企业可以实现财务数据的自动化采集与处理，从而减少人为错误，提高数据的准确性与实时性。信息化系统还可以将不同部门的财务数据进行整合，提供全局视角下的财务报告，为企业的管理决策提供支持。

（三）风险管理与控制：创新与发展中的重要保障

在推动财务管理创新与发展的过程中，风险管理与控制始终是一个不容忽视的重要环节。创新往往伴随着不确定性和风险，而有效的风险管理与控制则是保障企业财务管理创新顺利推进的重要前提。

企业在进行财务管理创新时，必须充分识别和评估可能面临的风险。例如新技术的应用可能带来数据安全、隐私保护等方面的风险，而新的财务管理模式也可能面临实施过程中的操作风险和合规风险。为此，企业应通过建立健全的风险管理体系，对各类潜在风险进行全面识别和评估，并制定相应的应对措施。例如通过设立风险预警机制，及时发现和应对可能出现的风险问题，确保财务管理创新的安全性和可控性。

企业应通过强化内部控制，提升风险管理的有效性。内部控制是企业风险管理的重要手段，通过制定和实施有效的内部控制措施，企业可以降低财务管理创新中的操作风险和合规风险。例如通过加强对财务数据的审核与监督，确保财务信息的真实准确；通过制定严格的审批流程，防范财务决策中的舞弊和失误。企业还应定期对内部控制措施进行评估和优化，确保其能够适应财务管理创新的发展需求。

三、提升企业内部审计的监督与服务功能

(一) 多元化角色转变：内部审计从监督到服务的拓展

随着企业管理需求的不断变化，内部审计的角色也在逐渐发生转变。从传统的监督功能向更广泛的服务功能拓展，内部审计正在成为企业管理中不可或缺的一部分。内部审计的监督功能依然是其核心任务之一。通过审查企业内部控制的有效性、财务数据的准确性以及合规情况，内部审计能够帮助企业发现潜在的问题和风险，确保企业的运营在合法合规的基础上进行。

随着企业经营环境的日益复杂，内部审计的职能也在不断拓展，逐渐向服务功能转变。内部审计不仅仅是发现问题，还应当为企业提供解决问题的建议和方案。例如在识别到企业在某些领域存在内控薄弱环节后，内部审计可以结合企业的实际情况，提出改进措施，帮助企业优化管理流程，提升运营效率。这种从监督到服务的转变，使内部审计不仅成为企业的"守门员"，也成为企业管理提升的重要"助推器"。

内部审计的服务功能还体现在其对企业战略的支持上。内部审计通过对企业各项业务活动的深入审查，可以为企业的战略决策提供有力支持。例如通过对市场环境、竞争对手和内部资源的分析，内部审计可以为企业战略调整提供数据支持和风险评估，从而帮助企业做出更加科学的决策。这种角色的转变，不仅提升了内部审计的价值，也使其在企业中的地位和作用得到了进一步强化。

(二) 专业化发展：提升内部审计的能力与水平

随着内部审计职能的拓展，企业对内部审计人员的专业能力和水平提出了更高的要求。内部审计不仅需要具备传统的审计知识，还需要掌握财务管理、风险管理以及行业分析等多方面的技能。专业化发展已经成为提升内部审计能力与水平的必然趋势。

内部审计人员需要不断更新和提升自身的专业知识。随着财务管理和审计领域的新标准、新技术不断涌现，内部审计人员必须保持学习的态度，不断更新自

己的知识结构。例如随着信息技术的普及，内部审计人员需要掌握一定的IT审计技能，以应对信息化环境下的审计需求。随着风险管理在企业管理中的重要性日益增加，内部审计人员还需要具备一定的风险管理知识，以便在审计过程中识别和评估企业面临的各种风险。

（三）强化独立性与客观性：保障内部审计的公正性

内部审计的独立性与客观性是其发挥监督和服务功能的基础，也是企业信任其审计结果的前提。只有保持高度的独立性和客观性，内部审计才能在企业内部真正发挥其应有的作用，帮助企业发现问题、解决问题，并推动管理的持续改进。

内部审计的独立性需要通过组织架构和管理制度来保障。企业应当确保内部审计部门在组织架构上独立于其他业务部门，并直接向董事会或审计委员会报告工作。这种独立的汇报路线，能够有效避免内部审计受到管理层或其他部门的干扰，确保其审计工作的客观性和公正性。企业还应通过制定明确的审计政策和流程，保障内部审计在执行审计任务时的独立性和自主权。

四、共创财务管理与内部审计的美好未来

（一）融合创新：财务管理与内部审计协同发展的新趋势

在未来的发展中，财务管理与内部审计的协同将成为企业管理创新的重要方向。两者的融合不仅能够提高企业的管理效率，还能够为企业的战略决策提供更加全面和深入的支持。随着企业经营环境的日益复杂化，财务管理与内部审计的融合将有助于企业更好地应对市场变化和竞争压力。通过协同合作，财务管理可以为内部审计提供更加精准的财务数据支持，而内部审计则可以帮助财务管理部门识别和防范潜在的风险，确保企业的财务决策更加稳健和可行。

财务管理与内部审计的协同发展，还将推动企业在管理流程和管理工具上的创新。例如基于大数据和人工智能技术的财务管理系统和审计系统，可以实现两者之间的信息共享和流程整合，从而提高整个管理系统的效率和响应速度。通过

引入智能化审计工具，企业可以实现对财务管理过程的实时监控和动态调整，确保财务管理的每一个环节都能够在风险可控的前提下高效运行。

（二）技术引领：财务管理与内部审计的智能化发展

在未来，技术将成为引领财务管理与内部审计创新发展的重要动力。通过智能化技术的应用，企业可以在财务管理和内部审计的各个环节实现更加高效和精准的管理，从而提升整体运营效率。智能化技术在财务管理中的应用，可以帮助企业实现对财务数据的自动化处理和分析。例如人工智能技术可以自动识别和分析财务数据中的异常情况，为企业的财务决策提供实时支持。智能化技术还可以应用于预算管理、成本控制和财务预测等领域，帮助企业更好地把握市场机会，优化资源配置。

（三）未来展望：共同构建可持续发展的管理体系

展望未来，财务管理与内部审计的融合与创新，将为企业构建更加可持续发展的管理体系提供坚实的基础。随着全球化进程的加快和市场环境的不断变化，企业面临的风险和挑战也在不断增加。在这种背景下，企业需要通过不断创新和优化管理体系，提升自身的应对能力和竞争力。

财务管理与内部审计的融合，将有助于企业建立更加完善的风险管理体系。通过协同合作，财务管理可以为企业提供更加准确和全面的财务数据支持，而内部审计则可以帮助企业识别和防范潜在的风险。两者的融合发展，将为企业的风险管理提供更加有力的保障，确保企业在复杂的市场环境中实现稳健运营。

企业需要通过技术创新，推动财务管理与内部审计的智能化发展。智能化技术的应用，将为企业在财务管理和内部审计的各个环节带来新的变革和机遇。例如通过引入智能化审计工具，企业可以实现对财务数据和业务流程的实时监控和动态调整，确保财务管理的每一个环节都能够在风险可控的前提下高效运行。

结 语

《现代财务管理与内部审计分析》一书从理论基础、实践应用到未来趋势，系统性地探讨了现代企业管理中财务管理与内部审计的核心内容。本书旨在通过对这两个领域的深入分析，帮助读者全面理解它们在企业管理中的重要作用，并为企业管理者提供有效的策略建议，提升企业的整体管理效能。

在全球化和数字化快速发展的今天，企业面临的经营环境愈加复杂，市场竞争更加激烈。在这种背景下，财务管理和内部审计的职能不仅仅局限于传统的财务操作与审计监督，而是上升到了企业战略层面，成为影响企业可持续发展的关键因素。财务管理需要在保障企业资金运作和资本结构合理性的基础上，深入参与到企业的战略制定和执行中，为企业提供数据驱动的决策支持。而内部审计则不仅要确保财务合规性，更要在企业风险管理、流程优化、绩效评估等方面发挥综合性作用，为企业的长远发展保驾护航。

本书从多个角度详细分析了财务管理与内部审计的关系及其整合机制，强调了两者协同作用的重要性。通过将财务管理的监督职能与内部审计的支持功能有机结合，企业可以更好地应对外部环境的变化，提高内部控制的有效性和管理决策的科学性。这种整合机制不仅提升了财务管理与内部审计的独立效能，也为企业构建更具弹性的管理体系提供了有力保障。

随着技术的进步和经济环境的变化，财务管理与内部审计正在经历深刻的转型。大数据、人工智能、区块链等新兴技术为财务管理与内部审计注入了新的活力，推动了信息化与智能化管理模式的形成。这不仅改变了财务管理的传统模式，也赋予了内部审计更加广泛的应用场景，增强了其在企业管理中的战略价值。因此，本书也着重探讨了信息化环境下的审计技术创新与实践应用，旨在帮助企业更好地应对数字化转型带来的挑战与机遇。

展望未来，财务管理与内部审计将继续在企业管理中发挥不可替代的作用。在全球化进程加速、数字化转型深入的背景下，企业将面临更多的不确定性和风险，而财务管理与内部审计的协同作用将成为企业应对这些挑战的重要手段。企业必须不断优化财务管理与内部审计的整合机制，充分利用新技术，提升管理效能，才能在激烈的市场竞争中立于不败之地。

本书希望通过理论与实践的结合，帮助企业管理者深入理解现代财务管理与内部审计的最新发展动态，并在实际操作中有效应用这些知识，以推动企业实现更高效、更可持续的发展目标。希望本书能够为财务管理与内部审计领域的研究者、从业者及企业管理者提供有价值的参考，助力他们在现代的企业管理中取得更加卓越的成就。

参考文献

[1] 张巧红. 内部审计在现代财务管理中的应用与效用分析 [J]. 经贸实践, 2016 (1X): 1.

[2] 杨丽丽. 建筑安装企业内部审计与财务管理的分析 [J]. 现代国企研究, 2019 (12): 1.

[3] 赵继红. 内部审计在行政事业单位现代财务管理中的作用分析 [J]. 中国科技投资, 2022 (31): 13-15.

[4] 胡继荣, 张晴. 现代企业制度下内部审计组织框架的探讨——基于国有企业集团的分析 [C] //大型国有企业集团财务管理热点与难点专题研讨会论文集, 2004.

[5] 杜丽娟. 财务管理中内部审计发挥的作用分析与解读 [J]. 中国商论, 2016 (35): 2.

[6] 姜雷. 内部审计在现代财务管理中的作用 [J]. 中外企业家, 2015 (1): 1.

[7] 王炎. 企业集团财务管理中心内部控制研究 [D]. 华中师范大学, 2024.

[8] 武莹. 高等院校财务管理存在的问题及完善 [D]. 西南财经大学, 2012.

[9] 秦玲. 国有企业财务管理与内部审计存在的关联性分析 [J]. 现代经济信息, 2019 (4): 1.

[10] 杨文戈. 内部审计在国有企业财务管理中的作用分析 [J]. 现代国企研究, 2018 (24): 1.

[11] 怀冬梅. 基于内部审计在现代财务管理中的价值分析 [J]. 财会研究, 2024 (8): 8.

[12] 杨桦. 现代医院财务审计内部控制问题分析与对策 [J]. 新财经: 理论版, 2012 (12): 217-218.

[13] 刘兴俭. 新形势下企业财务管理问题与对策分析 [J]. 现代经济信息, 2012 (24): 2.

[14] 林礼谊. 关于现代企业建立财务共享服务中心的分析与探讨 [J]. 中国内部

审计, 2022（1）：88-92.

[15] 邓志华. 企业内部审计与财务管理协同助力高质量发展［J］. 商场现代化, 2022（24）：3.

[16] 陈文才. 分析医院内部审计和医院会计工作的关系［J］. 现代经济信息, 2019（9）：1.

[17] 张军, 魏延磊. 国有企业财务管理与内部审计存在的关联性分析［J］. 中国国际财经（中英文）, 2018（3）：109-109.

[18] 黄文珍. 内部审计在集团财务管理中的作用［J］. 现代营销：上, 2022（7）：79-81.

[19] 朱佳明. 分析内部审计对财务管理的促进作用［J］. 财经界, 2021（18）：2.

[20] 韩纪梅. 浅谈以网络为基础的财会管理与内部审计的创新分析［J］. 母婴世界, 2015（10）：6-8.

[21] Wu H. Research on corporate governance and internal audit wisdom building under financial sharing model based on logistic modeling［J］. Applied Mathematics and Nonlinear Sciences, 2024, 9（1）.

[22] Juma B., Korutaro S. N. Audit committee effectiveness, internal audit function, firm-specific attributes and internet financial reporting: A managerial perception-based evidence［J］. Journal of Financial Reporting and Accounting, 2023, 21（5）：1100-1123.

[23] Manirul I., John S., Khaldoon A. The mediation effect of audit committee quality and internal audit function quality on the firm size – financial reporting quality nexus［J］. Journal of Applied Accounting Research, 2023, 24（5）：839-858.

[24] Magdalena F. S., Dian A. The analysis of fraudulent financial statements prevention using Hexagon's fraud and government internal auditor as moderating variable in local government in Indonesia［J］. Forum for Development Studies, 2023, 50（3）：513-537.

[25] Jicang W. Analysis of financial internal audit of institutions based on risk man-

agement perspective [J]. Financial Engineering and Risk Management, 2023, 6 (7).

[26] John V. E., Mutembei C. Effect of internal audit on financial performance of commercial banks listed in nairobi securities exchange, in Nairobi County, Kenya [J]. Asian Journal of Economics, Business and Accounting, 2023, 23 (16): 55-64.

[27] Selemani Z., Tlegray J. The impact of internal audit practices on financial management of local government authorities: The case of morogoro municipality in Tanzania [J]. Asian Journal of Economics, Business and Accounting, 2022, 263-272.

[28] Rohit S., Theresa S., Ann T. R. ISO 9001: 2015 internal audits for financial and strategic decisions in reducing blood culture contamination [J]. Quality Management in Health Care, 2022, 31 (1): 22-28.

[29] Abdulkadir M., Aidi A., Nasibah H. A. Internal audit functions, financial reporting quality and moderating effect of senior management support [J]. Meditari Accountancy Research, 2022, 30 (2): 342-372.

[30] Lois P., Drogalas G., Karagiorgos A., et al. Financial statement misrepresentation: The role of internal and external audit [J]. Global Business and Economics Review, 2022, 26 (3): 334-352.